Русский язык
Учебный курс аудиторного чтения ③

俄语阅读教程 ③

主编 王辛夷

图书在版编目(CIP)数据

俄语阅读教程.3/王辛夷主编.—北京：北京大学出版社，2005.2
(21世纪大学俄语系列教材)
ISBN 7-301-08998-9

I. 俄… II. 王… III. 俄语－阅读教学－高等学校－教材 IV. H359.4

中国版本图书馆CIP数据核字(2005)第035874号

书　　　名：俄语阅读教程3
著作责任者：王辛夷　主编
责 任 编 辑：张　冰
标 准 书 号：ISBN 7-301-08998-9
出 版 发 行：北京大学出版社
地　　　址：北京市海淀区成府路205号　100871
网　　　址：http://www.pup.cn
电　　　话：邮购部 62752015　发行部 62750672　编辑部 62765014　出版部 62754962
电 子 邮 箱：编辑部 pupwaiwen@pup.cn　总编室 zpup@pup.cn
印　刷　者：北京虎彩文化传播有限公司
经　销　者：新华书店
　　　　　　787毫米×1092毫米　16开本　15.75印张　320千字
　　　　　　2005年2月第1版　2024年8月第5次印刷
定　　　价：55.00元

未经许可，不得以任何方式复制或抄袭本书之部分或全部内容。
版权所有，侵权必究　举报电话：010-62752024
　　　　　　　　　　电子邮箱：fd@pup.cn

前　言

　　阅读是人们获取知识的基本途径,在第二语言的学习过程中,阅读训练是全面提高所学外语交际技能的重要手段和环节。为培养和提高俄语专业学生的阅读能力,带动听、说、写、译技能的训练,进而提高他们综合运用俄语的能力,我们编写了此套教材。

　　本套教材共四册,分别供俄语专业本科一至四年级学生作为阅读教材使用。每册各编入30课,供每学年上、下学期使用。本套教材有如下特点:一、在选材和体例方面力求一致,课文内容逐步加深,形成一套通过系统训练提高学生阅读技能的实用而科学的教材;二、根据不同的语料,采用不同的练习方式,训练不同的阅读方法和技巧,以期达到提高学生综合运用各种阅读技巧,大量、快速、准确理解原文的能力,同时扩大学生的知识面,加深学生对所学语言国国情的了解;三、在选材上,我们以交际性、实用性、可读性为标准,注重语料题材和体裁的多样化,力求全方位展示俄罗斯的现实生活,涵盖面广、实用性强,难点之处配以注释,以降低阅读难度。考虑到学生的心理适应力和实际接受能力,第一、二册注重图文并茂,辅之以笑话、幽默、谜语等;第三、四册则以扩大学生知识面和提高语言能力为主,选取通讯报道、散文、论文、各类广告、科普文章等。每篇课文后配有各种练习。

　　本教材由王辛夷任主编。第一册由张海燕、单荣荣编写;第二册由刘洪波编写;第三册由王辛夷编写;第四册由褚敏编写。

　　教材中纰漏、不足之处,敬请指正。

编　者

2004年10月于北京大学

Урок 1	1
Урок 2	9
Урок 3	19
Урок 4	27
Урок 5	33
Урок 6	41
Урок 7	49
Урок 8	57
Урок 9	62
Урок 10	70
Урок 11	78
Урок 12	84
Урок 13	92
Урок 14	97
Урок 15	105
Урок 16	110
Урок 17	122
Урок 18	129
Урок 19	136
Урок 20	144
Урок 21	154
Урок 22	164
Урок 23	172
Урок 24	183
Урок 25	193
Урок 26	204
Урок 27	210
Урок 28	218
Урок 29	227
Урок 30	236

Урок 1

Текст 1

Что подарить?

Произведения русской культуры, отражающие национальные традиции, дух народа, его обычаи, историю.

Палехская шкатулка

Начнем с самого известного — с палехской шкатулки. Правда, эти уникальные произведения русских художников стали сейчас неимоверно[1] дороги, но представьте все же, что вы стали обладателем такой шкатулки. Хотите узнать немного о том, что такое палехская шкатулка?

Палех — название села, где создаются эти шедевры миниатюрной лаковой живописи. Упоминание о Палехе встречается уже в XVIII веке. Тогда палехские мастера писали иконы. И сейчас в росписи[2] на шкатулках вы можете уловить сходство с иконописью: удлиненные фигуры сказочных героев, отсутствие перспективы[3], чистый, интенсивный цвет.

Хотя лаковые миниатюры делают еще в Мстере и Холуе, палехскую шкатулку не спутаешь ни с какой другой. Каким бы ни был рисунок — портрет, пейзаж или жанровая сценка — черный фон всегда преобладает.

Чтобы изготовить такую шкатулку, мастеру требуется 75 дней. Шкатулку 7 раз покрывают лаком, а расписывают беличьими кисточками[4], тоньше иголки. Процесс росписи[5] очень долгий потому, что одна краска должна высохнуть, чтобы на нее можно было наложить другую.

Когда работа завершается, мастер ладонями шлифует[6] шкатулку, так как только теплом рук достигается идеально зеркальная поверхность.

Случилось, что палехская шкатулка пролежала 25 лет в морской воде в каюте затонувшего корабля. И это никак не повлияло на ее краски!

Изделия села Мстера как будто напоминают палехские, но вы сразу отличите их: черный фон занимает места значительно меньше, а живопись насыщена светлыми тонами.

В Холуе делают шкатулки, ларцы⁷ и панно. Их лакированная поверхность вся заполнена многофигурными, тонко выписанными композициями, что характерно только для холуевских мастеров. Кроме того, в произведениях Мстеры и Холуя меньше сказочного и больше реального. Здесь присутствуют и объем, и перспектива, и небо, и реальные цветы и деревья.

Когда смотришь на эти произведения, складывается впечатление, что фантастические события происходят в реальности, а сказка становится частью жизни...

Жостовский поднос

Не менее известны и другие русские сувениры — жостовские подносы, например.

Поднос, как и русский самовар, — важный атрибут⁸ традиционного чаепития на Руси. В Жостове подносы делались настолько красочными, что ими украшали стены. И сейчас эти подносы используются как утилитарно⁹, так и для украшения кухонь и столовых.

Вначале подносы делали из папье-маше¹⁰, а с 1830-х годов — из металла. Они могут быть самой разнообразной формы — круглые, овальные¹¹, квадратные, с ровными или волнистыми краями. Существует около 30 типов и форм подносов.

Если вы вглядитесь в роспись, то у вас создается впечатление, что перед вами «плывущий» букет. Эта иллюзия возникает оттого, что головки цветов, листья и стебли¹² художник притемняет, и тогда цветы словно плывут по черной воде. Излюбленный фон мастеров Жостова — черный (опять влияние иконописи!), хотя сейчас сказочной красоты букеты, реже пейзажи или жанровые сценки могут быть изображены и на красном, и на зеленом, и на синем фоне.

Павловский платок

Яркие красочные цветы, как бы плывущие по водной глади¹³, вы можете увидеть и на знаменитых платках из Павловского Посада (подмосковный городок). Они в моде уже более века и, наверное, будут в моде всегда. Лучшего подарка женщине не найти.

На многих международных выставках павловские платки получают медали и дипломы, а крупнейшие модельеры мира используют мотивы павловской живописи.

Разверните платок... Перед вами фантастические переплетения красок — цветов, листьев, трав. Вам не напоминает эта роспись жостовские букеты, плывущие по воде?

Как и жостовцы, мастера из Павловского Посада предпочитают темный фон: черный, темно-синий, вишневый. На нем ярче высвечиваются краски и сильные иллюзия плывущих цветов.

Композиционное построение букетов разнообразно и оригинально. Количество вариантов практически бесконечно — особенно когда платки расписываются вручную. Но цветов на платках: чаще по четырем углам расположены крупные букеты, а к середине — отдельные цветочки. Впечатление, что они выпали из букета и рассыпались по платку.

На некоторых платках середина вообще свободна от цветов, и тогда кажется, что цветы уплывают от центра и скрываются в темной воде. Иногда платок украшается гирляндами роз, расположенных в виде концентрических кругов[14].

Дымковская игрушка

Можно также получить в подарок или купить самому оригинальный сувенир под названием «дымковская игрушка». Но пусть вас не вводит в заблуждение слово «игрушка». Эти изделия русских мастеров из села Дымково предназначены не только детям: традиционно они изображают обычаи, исторические события из жизни народа. Именно поэтому они привлекают такой интерес.

Глиняные игрушки делались и делаются во многих областях России, но самые известные — из Дымкова.

Сюжеты их разнообразны. Чаще всего это — женские фигурки в ярких, красочных нарядах, на щеках румянец — как два красных яблока. В руках у одной может быть зонтик, у другой — ребенок, у третьей — коромысло[15]. Эти фигурки называются няньками, куклами, водоносками (носят воду). Сюжет водоносок восходит к старинному обычаю. Осенью девушки-невесты надевали свои лучшие наряды и шли за водой к дальнему пруду. У дороги как бы случайно оказывались женихи и их родственники, которые выбирали из проходящих девушек будущих жен.

В древности у русских особенно почитались[16] языческие[17] боги — Ярило[18] (бог Солнца) и Роженица (покровительница[19] домашнего очага[20]). Богу Солнца — Яриле — посвящался трехглавый конь с кругом на груди. На таком коне Бог Солнца мчался по небу. Около куклы — Богини Роженицы — традиционно лепили домашних животных: кур, свиней, коз.

Все дымковские игрушки причудливо раскрашены. И это не фантазия художников, а отклик древней традиции. В праздник Весны, посвященный Богу Яриле, люди не только себя раскрашивали, но и домашних животных тоже разрисовывали[21] красками.

В художественных салонах есть много и других сувениров — из дерева, кожи, металла. Выбирайте, что душе угодно. А мы больше советов давать не будем, потому что «на вкус и цвет товарища нет[22]».

1.	неимоверно	难以置信
2.	роспись	装饰画
3.	перспектива	(绘画)透视, 配景
4.	беличьи кисточки	松鼠毛做的毛笔
5.	роспись	расписать 的动名词, 画上彩饰
6.	шлифовать	磨光
7.	ларец	(盛贵重品的)精制的匣子
8.	атрибут	标志物
9.	утилитарно	实用地
10.	папье-маше	(具有高度韧性的)制型纸
11.	овальный	椭圆形的
12.	стебель	杆, 茎
13.	гладь	平静的表面
14.	концентрические круги	同心圆
15.	коромысло	扁担
16.	почитаться	景仰
17.	языческий	多神教的
18.	Ярило	(斯拉夫人的)太阳神
19.	покровительница	庇护的圣徒(女); 靠山
20.	домашний очаг	家庭
21.	разрисовывать	被画满
22.	на вкус и цвет товарища нет	各有所爱

Задания

Отметьте «Да» или «Нет».

1) Палех — название села. Упоминание о Палехе встречается уже в XVIII веке.
2) Чтобы изготовить такую шкатулку, мастеру требуется 5 или 7 дней.
3) Когда работа завершается, мастер ладонями шлифует шкатулку.
4) Изделия села Мстера похожи на палехские.
5) Поднос является важным атрибутом традиционного чаепития России.
6) Жостовские подносы часто используются для украшения кухонь и столовых.
7) В начале подносы делали из папье-маше, а потом — из дерева.
8) Павловский платок в моде уже более века.
9) Дымковская игрушка предназначена только детям.
10) Дымковская игрушка делается из глины.

Текст 2

Поздравить можно нестандартно

«Дорогая(ой)! Поздравляю с днем рождения. Желаю тебе всего самого хорошего...» После этой фразы у большинства поздравляющих возникает легкое замешательство, постепенно переходящее в тоскливые размышления, чего бы пожелать. Ну не всем дано умение красиво выражать свои мысли. Иногда, кроме банального «желаю счастья в семейной и личной жизни» (что звучит довольно двусмысленно), ничего в голову и не идет. Мой вам совет: оставьте попытки придумать оригинальное и остроумное поздравление и выберите любой из нижеописанных способов выразить свои чувства любимому человеку или лучшему другу.

Вариант первый (самый простой). Купите открытку с текстом. Выбор огромен: традиционные, веселые, издевательские[1], романтические, музыкальные, гигантские — размером 40×50 см, с сюрпризом и множество других. Кстати, большой популярностью современные открытки пользуются не только из-за красочности[2] и презентабельного вида[3], но в большей степени благодаря оригинальному содержанию. Теперь подарок можно вручать молча, главное — сначала преподнести открытку. Стоят они недорого — от 5 до 50 руб.

Вариант второй. Закажите поздравление на любимой радиостанции именинника. Можно послать письмо, отправить сообщение на пейджер[4], скинуть заявку по электронной почте или дозвониться. Платить ничего не надо, но никто не гарантирует, что именинник дождется поздравления по радио, потому что может случиться следующее: а) ваша просьба не дойдет до диджея[5](если вы дозвонились в прямой эфир, эта проблема отпадает), б) вы забудете указать не только свое имя, но и имя того, кого вы поздравляете, в) именно в тот момент, когда по радио звучат пожелания, виновник торжества пошел открывать дверь или ставить чайник (советую на этот случай включить магнитофон на запись).

Третий вариант. Даете объявление в газете, которую обычно именинник прочитывает утром за чашкой кофе. Представляете, сидит человек спокойно, радуется празднику, листает любимую газету и вдруг упирается в собственное изображение[6] (прежде чем отдавать фотографию в редакцию, осторожно поинтересуйтесь, считает ли именинник это фото удачным) и трогательное поздравление в свой адрес. Цена зависит от издания, например, публикация в «Аиф-Москве»[7]от 400 руб.

Вариант четвертый. В день рождения берите именинника под руки и ведите на Арбат, возле Театра им. Вахтангова случайно уроните[8] деньги или долго-долго завязывайте шнурки. В общем, сделайте все, чтобы привлечь внимание спутника к мостовой. Ведь там лежит плитка с пламенным поздравлением в его честь! Среди многочисленных плиток с именами популярных певцов отечественной эстрады в аллее звезд будет лежать маленький квадратик с вашим поздравлением. Стоит это удовольствие от $90 до $300.

Пятый вариант. Узнаете, где в данный момент обретается[9] любимый певец или актер именинника (лучше всего отечественный — легче найти), и отправляетесь к нему. Самое правильное — поджидать после спектакля или концерта. Усталый человек быстрее согласится. Не важно, какие мольбы[10] и доводы будут вами произнесены, но без заветного предложения «Поздравляю с днем рождения!» и подписи звезды на заготовленной открытке уходить нельзя. Уверяю, что именинник оценит ваши старания и ценный автограф[11] будет стоять в рамке на самом почетном месте.

И напоследок еще варианты, где можно написать: «С днем рождения, любимый (ая)!», подсмотренные на московских улицах:

1. Переводилка[12] или татуировка[13] на собственном теле.
2. Позагорать в солярии с картонными буквами[14] и получить через несколько сеансов чудесную белую надпись опять-таки на своем теле.
3. Выбрите поздравление на голове.
4. Каждые полчаса отправлять на мобильный телефон[15] текстовое сообщение[16].

1. издевательский	挖苦的
2. красочность	五彩的
3. презентабельный вид	堂堂的仪表
4. пейджер	Вр机,寻呼机
5. диджей	DJ,广播电台音乐节目主持人
6. упираться в собственное изображение	紧盯着自己的照片(此处指登在报纸上的)
7. «Аиф-Москва»	Аргументы и факты-Москва,在莫斯科发行的《论据与事实》报
8. уронить	(不慎或无意中)掉下,碰掉
9. обретаться	处在
10. мольба	哀求
11. автограф	亲笔签名
12. переводилка	描下来的画
13. татуировка	文身
14. картонные буквы	硬纸板制成的字母
15. мобильный телефон	移动电话,手机
16. текстовое сообщение	短信

Задания

1. Закончите предложения, пользуясь материалом текста.

1) Кстати, большой популярностью современные открытки пользуются не только из-за красочности и презентабельного вида, но и...

2) Можно послать письмо, отправить сообщения на пейджер, ...

3) Даете объявления в газете, которую обычно именинник...

4) Уверяю, что именинник оценит ваши старания и ценный автограф...

2. Скажите, пожалуйста, какой вариант вы предпочитаете, почему?

Урок 2

Текст 1

Полезные советы поступающим в вузы

Новости из приемных комиссий

В этом году произошли некоторые изменения в правилах приема в вузы.

Единственным вузом, готовым принять в свои стены граждан любого государства, остается МГУ имени М. В. Ломоносова.

В качестве иностранного языка теперь можно сдавать не только английский, французский, немецкий и испанский, но даже самый экзотический, например суахили[1]. Только согласуйте это заранее в приемной комиссии.

Многих абитуриентов, видимо, опечалит[2] новшество, согласно которому предварительные экзамены для поступления в институт, проводившиеся раньше в школах и на подготовительных курсах, теперь отменены. Единственное, что можно сделать заранее, — пройти творческий конкурс там, где он есть. Например, на факультете журналистики МГУ.

Огорчим победителей предметных олимпиад. У них больше нет льгот. Только в некоторых вузах без экзаменов принимают призеров[3] международных олимпиад, но их не должно быть больше 10% от общего числа первокурсников. (На самом-то деле «международников» в стране всего 45 человек, так что вузы готовы драться за право иметь в своих стенах этих гениальных студентов.)

Появились слухи, что с этого года подавать документы можно только в один вуз, так как на бюджетные отделения копии аттестата не принимают. Это неправда. В Министерстве образования РФ нас уверили, что по усмотрению абитуриента в приемную комиссию любого вуза может быть предоставлен либо аттестат, либо его копия, заверенная в установленном порядке[4]. Если вуз, нарушая закон, отказывается принять копию, то поступающий имеет право пройти все инстанции[5] в самом вузе (от председателя приемной комиссии до ректора), получить письменную резолюцию об отказе с указанием мотивировки⁶ данного решения. И с этими документами направиться в суд.

О льготах

Вчитайтесь в этот список. Если вы относитесь к одной из нижеприведенных категорий, то имеете некоторые преимущества перед другими поступающими.

Дети-сироты, чернобыльцы, инвалиды 1 и 2-й групп проходят вне конкурса.

Золотые и серебряные медалисты могут быть зачислены по результатам собеседования и (или) при демонстрации отличных знаний на одном экзамене.

Военнослужащим срочной службы⁷, имеющим рекомендации от командования части, достаточно получить на экзаменах все «трояки», чтобы стать студентами. А вот военные, подписавшие контракт на военную службу сроком не менее 15 лет или уволенные по состоянию здоровья и сокращению штатов, принимаются в вузы без экзаменов.

Юноши, воевавшие в Чечне, имеют право поступать вне конкурса в гражданские вузы и без экзаменов в военные училища и академии.

Платные ВУЗы

На сегодняшний день в России 334 негосударственных высших учебных заведения, имеющих государственную аккредитацию⁸. Дипломы этих вузов котируются⁹ так же, как государственные. Поэтому, направляя свои стопы¹⁰ в коммерческие учебные заведения, обязательно выясните, аккредитованы ли они. Лицензия головного вуза не является действительной для филиалов¹¹. Каждый филиал должен пройти аккредитацию самостоятельно. А если в названии учебного заведения фигурирует слово «представительство», будьте бдительны — по закону образовательная деятельность представительству запрещена.

Конкурс в платные учебные заведения гораздо меньше, чем в бюджетные: 1–1,5 человека на место¹², а специалистов готовят (как правило) более высокой квалификации и узкой специализации. За все эти удовольствия придется дорого заплатить. Например, чтобы получить второе высшее образование и новую престижную профессию «специалист по связям с общественностью», придется выложить за учебный год в одном из платных вузов 1710 долларов. Это средняя стоимость, цены на платное образование колеблются от 500 до 5000 доллалов.

И не забывайте, что при заключении договора с вузом подпись под этим финансовым документом может ставить только лицо, достигшее 18 лет. За тех, кто моложе, расписываются родители или официальные опекуны[13]. Проследите, чтобы в документе была оговорена фиксированная сумма за все годы обучения, иначе ничто не помешает вузу в любой момент пересмотреть ее в сторону повышения.

Подготовка

Что касается подготовительных курсов при вузе, то они окончательно потеряли главный козырь[14] — зачет своих выпускных экзаменов в качестве вступительных. Однако потраченные время и деньги (курсы стоят от 2 тыс. рублей за семестр до нескольких сотен долларов) не пропадут зря. Лекции читают преподаватели этого же вуза, контрольные и итоговые работы содержат задания, аналогичные экзаменационным.

Уроки у репетиторов — самая дорогостоящая подготовка. Но если обучать вас возьмется профессор или доцент, который и будет принимать у вас вступительные экзамены, то, сами понимаете, успех почти гарантирован. За два академических часа[15] занятий точными науками нужно выложить приблизительно 20 долларов, а гуманитарными — 35–50. Чем престижнее вуз, тем дороже репетитор.

Перед экзаменом съешьте шоколадку, сладкое активизирует мыслительные процессы. На время подготовки установите себе четкий режим дня. Совсем не обязательно при этом исключать из него радости жизни типа хорошей музыки, дискотеки, прогулки с друзьями. Только не злоупотребляйте отдыхом, рекомендуется отвлекаться часа на три–четыре.

На экзамен одевайтесь скромно и со вкусом. По признаниям преподавателей, девушка в сексуальном наряде и юноша в шортах и пляжной майке вызывают раздражение и устойчивое убеждение, что с головой у человека не все хорошо. Первое впечатление очень трудно исправить, поэтому и рисковать не стоит. Но если вас все-таки «завалили»[16] (несправедливо, на ваш взгляд), попробуйте подать апелляцию. Для этого сразу после экзамена отправляйтесь к ответственному секретарю приемной комиссии и пишите заявление.

Будущее

Государство давно отказалось от трудоустройства молодых специалистов, но, поступая в вуз, выясните, можете ли вы рассчитывать на помощь данного учебного заведения в этом вопросе. Часть институтов практикует с 1995 года целевую контрактную подготовку. На последних курсах студент имеет возможность заключить договор с конкретной организацией о своем трудоустройстве. В этом случае будущий работодатель выплачивает стипендию, а также предоставляет ряд льгот.

В некоторых сохранился целевой прием, когда госучреждение «заказывает» места для обучения конкретных специалистов. Такую форму взаимодействия с вузами наиболее часто практикуют министерства путей сообщения, сельского хозяйства и здравоохранения. В приемной комиссии вам обязаны предоставить информацию о том, с какими организациями учебное заведение сотрудничает, а также просветить вас о наиболее вероятном «потребителе» молодых специалистов данного вуза.

Удачи вам, абитуриенты!

1. суахили	〈不变〉斯瓦希里语
2. опечалить	使忧伤
3. призер	竞赛得奖人
4. заверить в установленном порядке	按照规定经过签字或盖章证明
5. пройти все инстанции	可以去找各级机关
6. мотивировка	理由
7. срочная служба	现役
8. аккредитация	资格
9. котироваться	得到评价
10. стопы	此处指报考的材料
11. Лицензия головного вуза не является действительной для филиалов	主校的许可证(办学执照)对分校是无效的
12. 1–1,5 человека на место	每一到一点五个人一个名额

13. опекун	监护人
14. козырь	优势, 法宝
15. академический час	课时
16. завалить	考试考砸

Задания

1. Выберите подходящий ответ из следующих вариантов.

1) Единственным вузом, готовым принять в свои стены граждан любого государства, остается:

  а. Московксий государственный университет имени М. В. Ломоносова.

  б. Санкт-петербургский государственный университет.

  в. Казанский государственный университет.

2) Какой язык теперь можно сдавать в качестве иностранного языка?

  а. Только английский.

  б. Только суахили.

  в. Английский, французский, немецкий, испанский и даже суахили.

3) Сколько в России на сегодняшний день негосударственных высших учебных заведений, имеющих государственную аккредитацию?

  а. Тристо сорок три.

  б. Тристо тридцать четыре.

  в. Четыресто тридцать три.

4) Почему автор советует, чтобы перед экзаменом съели шоколад?

  а. Потому что сладкое успокаивает нервы.

  б. Потому что сладкое активизирует мыслительные процессы.

  с. Потому что сладкое активизирует организм.

2. Отметьте «Да» или «Нет».

1) В этом году произошли некоторые изменения в правилах приема в вузы.

2) Во всех вузах без экзаменов принимают призеров международных олимпиад.

3) В России только дети-сироты имеют некоторые преимущества перед другими поступающими?

4) Золотых и серебряных медалистов принимают по результатам собеседования и (или) при демонстрации отличных знаний на одном экзамене.

5) Лицензия головного вуза является действительной для филиалов.

6) Лицо, недостигшее 18 лет, не имеет права расписываться.

7) Многие вузы открывают месячные курсы в течение вступительных экзаменов.

8) На экзамен надо одеваться нарядно, чтобы произвести глубокое впечатление.

Текст 2

В институт можно поступить без экзаменов!

К поступлению в вуз надо готовиться заранее. Кроме подготовительных курсов и репетиторов, есть еще один способ стать студентом — поучаствовать заранее в олимпиаде по профильному предмету.

Например, хочешь поступать в физический вуз — попробуй стать призером олимпиады по физике. Причем необязательно участвовать только одиннадцатиклассникам. Чем раньше начнете посещать все олимпиады в выбранном вузе, тем больше шансов получить льготы при поступлении.

Без экзаменов раньше поступали только победители всероссийских олимпиад. Но теперь в каждом регионе свои турниры[1], и победители получат право без экзаменов зачисляться в вузы[2] своего региона.

В Москве по решению Минобразования тоже увеличили количество олимпиад, которые могут помочь школьникам стать студентами. Вот в каких олимпиадах вы сможете принять участие в ноябре.

16 ноября

Первый тур 34-й традиционной олимпиады по лингвистике и математике (олимпиада проводится в два тура, второй — 30 ноября).

Для 8-11-х классов. Приглашаются все желающие.

Начало в 10 часов. Место проведения олимпиады: МГУ им. Ломоносова, Ленинские горы, первый корпус гуманитарных факультетов. Проезд: ст. м. «Университет».

23 ноября

23-я олимпиада по криптографии[3] (шифрованию[4]) и математике для 9–11-х классов.

Приглашаются все желающие. При себе иметь ручку, паспорт (если есть).

Начало в 10 часов. Место проведения: Академия ФСБ, Мичуринский проспект, 70. Проезд: ст. м. «Проспект Вернадского».

Победителей награждают почетными дипломами и, как нам объяснили в оргкомитете, берут на заметку[5] и ведут вплоть до поступления в Академию.

30 ноября

34-я олимпиада по лингвистике и математике (второй тур). Приглашаются все желающие. Место проведения: РГГУ (Российский государственный гуманитарный университет), Миусская площадь, 6. Проезд: ст. м. «Новослободская».

Фамилии призеров подают в приемные комиссии МГУ и РГГУ.

1. турнир	循环赛
2. зачисляться в вузы	被高校录取
3. криптография	密码书写法
4. шифрование	译成密码
5. брать на заметку	记下来，录以备用

Задания

Переведите предложения на русский язык.

1) 去年我参加了奥林匹克物理竞赛。
2) 我弟弟是奥林匹克化学竞赛获奖者。
3) 获胜者将获得证书和奖金。
4) 下午有讲座，请有意者参加，并请自带笔和本。

Текст 3

Если лень идти на лекцию...

Можно и не просиживать целый день в институте.
Кроме дневной формы обучения, существуют еще три

Дистанционный[1]...

«Дистанционный» студент сам себе хозяин. Хочу за полгода весь курс освою, хочу месяц буду с одной темой ковыряться. Заболел ребенок — можно вообще про учебу забыть, выдались свободные деньки — шагай по дороге знаний семимильными шагами[2].

Каждый студент получает себе в наставники преподавателя[3]. Он отвечает на вопросы, проверяет контрольные работы и тесты, помогает готовиться к экзаменам. С ним студент постоянно на связи. «А почему А+В=С? А почему Татьяна отказала Онегину?» На семинаре студент пять раз покраснеет и позеленеет, прежде чем задать такие вопросы. А в разговоре тет-а-тет[4] через Интернет все гораздо проще.

Даже сессию такие студенты сдают по электронной почте. А дипломы защищают на интернет-конференции.

Кстати, в нашей стране очень распространен «гибрид»[5] заочного и дистанционного образования. В этом случае промежуточные контрольные работы вы выполняете дома и общаетесь с преподавателем через Интернет, а сдавать экзамены приходится не в виртуальной реальности[6], а в реальной аудитории своего вуза.

Дистанционное образование дешевле, чем очное. Студенты не топчут паркет[7], не портят дорогое оборудование, не рисуют сердечки на партах. Все это сокращает расходы вуза, а значит, и стоимость обучения. Однако имейте в виду, что вам придется приобрести компьютер, оборудование к нему и платить за пользование Интернетом. Впрочем, это дешевле, чем пять лет жить и питаться в чужом городе.

...Заочное...

— Этот вид образования для людей, которым не хочется покидать ради учебы свой родной город.

— Заочники учатся на два года больше, чем дневники. А вот ходить в институт в течение учебного семестра обязаны только те студенты, которые проживают в том же городе, где находится вуз. Для иногородних вузы устраивают специальную учебную неделю перед каждой сессией, чтобы студенты могли пообщаться с преподавателями, походить на семинары и консультации, послушать лекции.

— Один раз за учебный год организация, в которой работает заочник, обязана оплатить ему проезд туда и обратно.

— Так же, как и дневные и вечерние, заочные отделения бывают платными. Цена здесь самая низкая. Чем больше приходится учить самостоятельно, тем меньше оплата.

...Вечернее

Поступить на вечернее отделение вуза проще, чем прорваться через суровый конкурс дневного (проходной балл всегда ниже, а конкурс меньше в два, а то и в три раза).

Занятия начинаются не раньше шести часов вечера, так что каждый студент может смело устроиться на работу на полный день. Работающим вечерникам в течение 10 месяцев до начала госэкзаменов и защиты диплома организация обязана предоставить при шестидневной рабочей неделе один дополнительный выходной. Платят, правда, в течение этих 10 месяцев на 50 процентов меньше. Также для сдачи сессий на первом и втором курсах полагается по 40 календарных дней в году[8], на последующих курсах — по 50 календарных дней. Для написания и защиты диплома и сдачи госэкзаменов — четыре месяца.

1. дистанционный	远程的
2. шагать семимильными шагами	一日千里地前进
3. Каждый студент получает себе в наставники преподавателя	每一个学生都可以得到一个辅导老师
4. тет-а-тет <тэтатэт>	两个单独谈话
5. гибрид	〈生物〉杂种, 此处指远程教育和函授教育相结合
6. виртуальный	虚拟的

7. паркет	镶木地板
8. для сдачи сессий на первом и втором курсах полагается по 40 календарных дней в году	一、二年级时每年应该有40个自然天来准备考试

Задания

Ответьте на вопрос.
Какой вид образования вы предпочитаете? Почему?

Урок 3

Текст 1

ДА ЗДРАВСТВУЕТ МАСТЕР!

Юбилейный вечер Игоря Моисеева[1]

Замечательно, что Игорю Александровичу Моисееву судьба в последние годы щедро дарит праздник. Его юбилейные даты, отмеченные не так давно, запомнились не только прекрасными, как всегда, выступлениями Ансамбля народного танца, но и жизнерадостной бодростью 90-летнего мастера. Сейчас, через три года, когда мы чествуем[2] мэтра[3] в связи с 75-летием творческой деятельности, он не прекращает работы. Ансамбль занесен в Книгу рекордов Гиннесса[4] — за необъятное количество гастролей по всему миру («О моей жизни легче написать путеводитель, чем мемуары», — шутит Моиссев).

На пресс-конференции перед концертом Игорь Александрович много говорил о проблемах своего коллектива. «Нам выгоднее не дать концерт, чем выступать на сцене — столь дорого обходится его проведение. И мы не можем, хотя очень хотим, ездить на гастроли по стране — это непосильное финансовое бремя». Юбиляр не только негодует[5], но и гордится тем, что разного рода самозванцы[6] пишут на своих афишах «артисты ансамбля Моисеева»: это по-прежнему знак качества для зарубежных импресарио[7] и публики.

Увы, в российской провинции уже выросло поколение, которое не видело танцев Моисеева. Только москвичи и могут часто смотреть концерты Ансамбля народного танца, хотя на них трудно купить билеты. А на юбилейном вечере был аншлаг[8]. Из более чем трехсот номеров, объединенных в три огромных цикла — «Картинки прошлого», «Советские картинки», «По странам мира», — зрители увидели одиннадцать. Русский танец «Лето», азербайджанские — «Чабаны», аргентинские пастухи гаучо[9], сицилианская тарантелла[10], старинная городская кадриль[11], китайский танец с лентами — и на десерт фрагмент из знаменитой флотской сюиты[12] «Яблочко».

Артисты Моисеева, героически превозмогая адскую жару и духоту, когда не только танцевать, но и просто сидеть в зрительном зале было непросто, заводили разморенную публику, приводя ее в восторг. Киноролику[13] о творчестве Моисеева — от его работы танцовщиком и хореографом в Большом театре до создания в 30-е годы великолепных парадов на Красной площади — аплодировали не меньше, чем «живому» танцу.

Второе отделение отдали поздравлениям и чествованию Моисеева.

Парад поздравителей открыл мэр Москвы Юрий Лужков. А затем ведущий вечера Федор Чеханков в течение двух часов приглашал на сцену всех, кто пришел отдать должное[14] «генералиссимусу[15] российской хореографии». Хорошую ноту задал[16] Большой театр: его худрук[17] Владимир Васильев вылетел на сцену в плаще героя балета «Дон Кихот»[18] и мы сразу вспомнили, как танцевал этот выдающийся артист. Внук Игоря Александровича, солист ГАБТа[19] Владимир Моисеев, исполнил для деда испанский танец, а позже на сцене появился самый молодой член династии артистов Моисеевых, правнук мэтра и его тезка Игорь Моисеев, ученик балетной школы.

В тот вечер юбиляру поступали различные заманчивые предложения. Малый театр в лице[20] Юрия Соломина предложил ему попробовать силы в постановке драматического спектакля, а ректор МГУ Виктор Садовничий — стать чемпионом мира по шахматам (Моисеев давно и серьезно увлечен этой игрой). Красавицы из ансамбля «Березка» не только водили хороводы перед юбиляром, но и пропели ему шаловливые частушки[21]. Театр Вахтангова преподнес танец Михаила Ульянова, который не только выплыл на сцену в бурке, но и — правда, с помощью двух опорных стульев — показал танцевальную присядку. Военный ансамбль песни и пляски имени Александрова спел «Многая лета»[22]. Музыкальный театр преподнес номер, который можно рассматривать как краткий конспект творчества Моисеева, — во всяком случае, создатель «Румынского танца еврейских цыган» Дмитрий Брянцев снабдил свой подарок соответствующим предисловием. А затем Юрий Любимов назвал Моисеева «самым раскованным[23] официальным человеком», которого он знает. Хор имени Свешникова не спел, а в буквальном смысле слова шуточно промычал танец маленьких лебедей из «Лебединого озера», а сосед моисеевского ансамбля по зданию,

Оркестр русских народных инструментов имени Осипова, сыграл «Как завижу черноокую, все товары разложу».

Игорь Александрович был отмечен не только коллегами –артистами. Министерство иностранных дел считает Моисеева непревзойденным[24] дипломатом: его выступления за рубежом в прошлом неоднократно становились «жестами доброй воли».

В финале круг искусства замкнулся: ученики школы при моисеевском ансамбле показали, как их научили танцевать испанские танцы. Студия существует с 1943 года, дала уже многих отличных артистов, и от нее тянутся нити в XXI век, в котором тоже будут с удовольствием смотреть народно-сценический танец Игоря Моисеева.

1. И. А. Моисеев (1906 —)	Игорь Александрович Моисеев 舞蹈艺术家，民间舞蹈团的创办者和领导者。获苏联人民艺术家称号,获列宁奖金和国家奖金。
2. чествовать	(公开、隆重的)庆祝,庆贺
3. мэтр	导师,师长
4. Книга рекордов Гиннеса	世界吉尼斯大全
5. негодовать	气愤
6. самозванец	冒名者
7. импресарио	戏院经理,音乐会组织者
8. аншлаг	票已售完的通知
9. гаучо	高楚人(西班牙人与阿根廷印第安人的混血儿)
10. сицилианская тарантелла	(意大利)西西里岛塔兰台拉舞
11. кадриль	卡德里尔舞
12. флотская сюита	水手舞蹈曲
13. киноролик	配有音乐的电视短片
14. отдать должное	对……给予应有的评介
15. генералиссимус	大元帅,最高统帅,此处指大师
16. задать хорошую ноту	此处指开了个好头
17. худрук	即 художественный руководитель
18. Дон Кихот	堂·吉诃德
19. ГАБТ	即 Государственный академический Большой театр 国家模范大剧院
20. в лице	以……为代表的
21. частушки	四句头(俄罗斯民间短歌)

22. Многая лета	长命百岁
23. раскованный	无拘无束的
24. непревзойденный	无与伦比的

Задания

1. Закончите предложения, пользуясь материалом текста.

1) Его юбилейные даты, отмеченные не так давно, запомнились не только прекрасными, как всегда, выступлениями Ансамбля народного танца, но и ...

2) В тот вечер юбиляру поступали различные заманчивые предложения. Малый театр...

3) Министерство иностранных дел считает Моисеева непревзойденным дипломатом: его выступления...

2. Переведите словосочетания.

1) 民族舞蹈团
2) 世界巡回演出
3) 中国绸舞
4) 吉尼斯大全

Текст 2

Свидетель любви

Имя этой женщины мало кто знает, да и в лицо[1] не все помнят, хотя сталкивались с ней не меньше сотни тысяч горожан. Ее подпись хранят так же аккуратно, как и автограф какого-нибудь кумира. Кармен Бруева работает в московском Дворце бракосочетания № 4. И если у некоторых людей свадьба бывает раз в жизни, у кого-то — два, ну, максимум — три-четыре. У Бруевой их порой по двадцать за день. 27 лет она объявляет влюбленных мужем и женой.

Июль — самый трудный месяц для нас, больше всего свадеб. Причем студенческих, ребята сдают сессии и торопятся пожениться, чтобы потом отправиться вместе на каникулы или на практику. Каждый третий брак в июле — студенческий. В это время все сотрудники Дворца, даже те, кто обычно принимает заявления, посылаются на ведение церемоний. Их бывает до 40 в день! Зато в мае затишье. Название этого месяца ассоциируется со словом «маяться»[2]. Люди верят в приметы и откладывают свадьбу на лето[3]. Мало свадеб и в пост, потому что многие сейчас стали соблюдать религиозные традиции.

Два года назад ко мне пришла пара. Жених объяснил, что приехал ненадолго в Москву в командировку и узнал, что у него в столице есть сын. Естественно, он как человек благородный, пожелал узаконить отношения. Мы их расписали вне очереди. Через две недели муж исчез, обокрав[4] квартиру супруги. Выяснилось, что он находится в розыске[5] за побег из тюрьмы, что ребенок женщины — вовсе не его сын. Изобразив неземную[6] любовь, он уговорил свою будущую жену на ложное заявление. И подобные судебные иски приходят ко мне чуть ли не каждую неделю.

Но все же настоящих браков, по любви большинство! Молодожены долго готовятся к свадьбе, переживают, приезжая к нам, сильно нервничают, стараются тщательно соблюсти все приметы и... роняют[7] кольца, спотыкаются у порога. Один жених нес невесту по мраморной лестнице и уронил девушку, не рассчитав своих сил. Никто не знал, что делать в такой ситуации. Все стояли и глупо улыбались. А сколько раз невесты от волнения при ответе на вопрос: «По доброй ли воле вступаете в брак?» — говорят: «Нет»! Тогда мы повторяем вопрос. И уж со второго раза, как правило, все отвечают: «Да».

Раньше примерно каждый семнадцатый брак мы регистрировали только с разрешения главы управы[8], это когда жениху или невесте нет 18 лет. Но в последнее время свадьбы среди подростков встречаются все реже и реже. Видимо, молодежь более серьезно стала подходить к вопросу создания семьи. А самому почтенному жениху, брак которого мне приходилось регистрировать, не поверите, — было за 90. Его невеста на два десятка лет моложе. Дедушка перед свадьбой волновался, как мальчишка. По состоянию здоровья он не мог часто приезжать во Дворец, поэтому писал мне письма с вопросами: сколько продлится церемония, нужно будет во время нее стоять или можно будет присесть?..

Конечно, женихам и невестам хочется выглядеть в день своей свадьбы необычно. Есть и любители экстравагантности[9]. Приходят металлисты[10] — все в заклепках[11], хиппи надевают туники[12]. Иностранцы иногда женятся в национальных костюмах. Например, шотландцы[13] — в юбочках и с толстыми кожаными кошельками на поясе. У невест из Тироля[14] маленький передничек[15] с национальным орнаментом[16], у женихов вместо привычного галстука завязанная ленточка.

Со своим будущим мужем я познакомилась, когда мы оба были студентами, учились в Историко-архивном институте на Никольской. Отмечая свадьбу, решили не устраивать пышных торжеств. Не было ни обмена кольцами, ни белого платья. Женаты вот уже 37 лет, свадебные юбилеи не отмечали. Наверное, потому, что к свадьбам я отношусь, как к работе. Выросли два сына, иногда они шутят: «Мам, ну нам-то не нужно будет никуда ходить, ты свидетельство о браке домой принесешь».

Людей нашей профессии называют по-разному: «женилка», «регистраторша», «дама с указкой». Если бы вы знали, как эти названия обижают наших сотрудниц! Они так серьезно относятся к своей работе, волнуются перед церемонией не меньше, чем сами молодожены. В те дни, когда проходит регистрация, многие из нас даже не обедают, боятся перегрузить желудок. Одна из коллег в перерывах между парами постоянно бегает полоскать горло[17], ей кажется, что без этой процедуры голос не будет достаточно мягким.

До перестройки существовал специальный текст для брачной церемонии, отступить от него было невозможно. Если мы его чуть-чуть и изменяли, то делали это украдкой, чтобы высокое начальство об этом не знало. А уж когда проводились традиционные конкурсы... Специальный человек сидел и проверял достоверность каждого слова. Когда разрешили варьировать тексты, мы поначалу даже немножечко растерялись. Сейчас в Москве больше 400 вариантов текста, произносимого для новобрачных, каждый загс[18], каждая ведущая составляют их для себя сами.

1. в лицо	当面
2. маяться	劳苦不堪
3. люди верят в приметы и откладывают свадьбу на лето	人们相信这种兆头并把婚礼推迟到夏天
4. обокрасть	偷去……的财物
5. находиться в розыске	正在被调查
6. неземной	非人间的；非凡的
7. ронять	（不慎）失落，掉下
8. Раньше примерно ... с разрешения главы управы,...	以前，大约每17对结婚登记者就有一对要经过领导批准才能为他们办理登记
9. экстравагантность	怪僻，古怪行为
10. металлист	重金属音乐爱好者
11. в заклепках	身穿带有许多铆钉的服装
12. туника	（古罗马的短袖或无袖）外衣
13. шотландцы	苏格兰人
14. Тироль	（奥地利）蒂罗尔州
15. передничек	围裙
16. орнамент	装饰图案
17. полоскать	含漱咽喉
18. загс	отдел (或 бюро) записи актов гражданского состояния 户籍登记处，此处指婚姻登记处

Задания

1. Вместо точек вставьте слова и варажения из текста, пользуясь материалом для справок.

1) Каждый... брак в июле — студенческий.

2) В это время все сотрудники Дворца, даже те, кто обычно принимает заявления,... на ведение церемоний.

3) Люди верят... и откладывают свадьбу на лето.

4) Один жених нес невесту по мраморной лестнице и уронил девушку, ...

5) Видимо, молодежь более серьезно... к вопросу создания семьи.

Материал для справок: не рассчитав своих сил, третий, посылаются, стала подходить, в приметы

2. Переведите предложения на китайский язык.

1) А самому почтенному жениху, брак которого мне приходилось регистрировать, было за 90.
2) Женихам и невестам хочется выглядеть в день своей свадьбы необычно.
3) Отмечая свадьбу, решили не устраивать пышных торжеств.
4) Сотрудницы загса так серьезно относятся к своей работе, волнуются перед церемонией не меньше, чем сами молодожены.
5) К свадьбам я отношусь, как к работе.

Урок 4

Текст 1

Психолог — особая профессия

У моей подруги что ни день[1], то несчастье. Третьего дня[2] она поссорилась с мамой, вчера возник конфликт на работе, а сегодня сын получил в школе двойку. Завтра подруга сообщит мне о своей очередной проблеме и, естественно, попросит совета.

Психолог — особая профессия, призванная избавить человека от многих душевных невзгод. В отличие от обывателя психолог никогда не дает советов, а помогает человеку разобраться в себе. А когда сам себе ясен и понятен, легко разрешаются и другие проблемы. Вообще в Москве работает не один десяток центров психологической помощи детям и семьям. Так, Центр психологии и психотерапии при Институте психологии Российской академии наук оказывает бесплатную помощь многодетным семьям, безработным, инвалидам, матерям-одиночкам.

Какого психолога выбрать, зависит от многих причин. Одни специализируются на индивидуальной терапии, другие — на семейной, третьи — занимаются детьми. Бывает и так, что психолог един в трех лицах. Выбор психолога зависит и от того, какой денежной суммой вы располагаете. В Москве часовая консультация платного психолога стоит около 500–700 руб. Могут заломить[3] и несусветные суммы[4] в размере 100 долл. за сеанс и выше. Однако, почувствовав в голосе клиента сомнение, легко «спускают» цену до 20–30 долл. Договариваться о цене всегда следует до начала терапевтического сеанса. Правило «чем дороже — тем лучше» в данном случае не всегда верно. Часто один и тот же психолог утром работает в больнице бесплатно, а вечером, в медицинском центре, консультирует за деньги.

Определить, правильно ли вы выбрали психолога, достаточно просто. Нужно, чтобы между вами и человеком, которому вы рассказываете о себе, возник душевный контакт. Доверие — главный помощник психолога, и если вам некомфортно при общении даже с самым суперспециалистом, не стоит ходить к нему на прием — не поможет. Прежде чем начать разговор «по душам», стоит убедиться в профпригодности[5] психолога. Попросите его показать диплом и сертификаты, свидетельствующие об уровне образования. С вашей стороны это не будет дерзостью, вы же не ботинки пришли чинить. А душу ремонтировать.

Одна из абсолютных побед психологов — вывод человека из состояния депрессии. Если вы страдаете этим выматывающим[6] душу недугом, опять же ищите психолога и не верьте рекламе, предлагающей снять депрессию с помощью таблеток (даже безвредных). Поверьте, без консультации врача нельзя принимать никаких медикаментозных препаратов[7], влияющих на психику. Кстати, о лекарствах. По закону психолог не имеет права выписывать лекарства. Таким правом наделены только психиатр[8] или психоневролог[9]. Как это ни покажется странным, но этика психологов запрещает вступать с клиентом в дружеские отношения, чтобы психолог не мог воспользоваться доверием клиента и его душевной слабостью. Кроме того, психолог обязан соблюдать конфиденциальность[10] и не разглашать никакой информации о клиенте. Тот в свою очередь сам решает, сообщать ли свое подлинное имя или назваться другим лицом.

На Западе давно принято обращаться к психологу. Мы же привычно сваливаем[11] свои беды друг на друга. И не потому, что нам жалко денег или нет времени. Поднять телефонную трубку или поплакаться в чужую жилетку[12] — куда безопаснее, чем заглядывать в собственную душу.

1. что ни день	每一天
2. третьего дня	前天
3. заломить	要高价
4. несусветные суммы	极高的价格
5. профпригодность	具备从事某种职业的条件
6. выматывающий	耗尽精力的
7. медикаментозные препараты	药物
8. психиатр	精神病学家, 精神病医生
9. психоневролог	精神神经病专家
10. конфиденциальность	机密, 秘密
11. сваливать на кого-что	转嫁给谁
12. плакаться в жилетку	向人诉苦

Задания

1. Закончите предложения, пользуясь материалом текста.

1) Психолог — особая профессия, призванная избавить челвоека от...

2) В отличие от обывателя психолог никогда не дает советов, а ...

3) Одни специализируются на индивидуальной терапии, другие — на семейной, третьи — ...

4) Выбор психолога зависит и от того, ...

5) Часто один и тот же психолог утром работает в больнице бесплатно, а вечером, ...

6) Определить, правильно ли вы выбрали психолога, достаточно просто. Нужно, чтобы между вами и человеком, которому вы рассказываете о себе, ...

7) Одна из абсолютных побед психологов — ...

8) Клиент в свою очередь сам решает, сообщать ли свое подлинное имя или...

2. Запомните.

терапевт	内科医生
хирург	外科医生
гинеколог	妇科医生
педиатр	儿科医生
окулист	眼科医生
хируг-кардиолог	心脏外科医生

Текст 2

Причины ищи внутри

Современное одиночество — новый вид болезни, и оно имеет несколько причин.

1. Во-первых, виновата наша собственная нетерпимость к людям,

завышенные требования к близким. Мы всё время чего-то ждём от других. Ждём, чтобы нас любили, жалели и всё прощали. Нам неинтересно, что происходит в душе матери, друга, соседа. Наш век забыл главную заповедь[1] — «Возлюби ближнего своего». Но если дружба — это в первую очередь потребление, желание что-то получить, тогда люди не оправдывают наших ожиданий и интересов.

2. Век коллективизма имел очевидный плюс — вместе было проще выжить. Две сосиски и 16 вилок, одна бутылка портвейна[2] на весь этаж общаги[3], деньги в общий котёл — стаей легче было двигаться по жизни. Вместе с друзьями не страшно было отправляться в таёжную[4] экспедицию или осваивать целину... Одинокий человек едва ли мог чего-то в жизни добиться. Сегодня необходимость коллективного выживания отпала, что и повлияло на менталитет[5] молодых.

3. Повышение уровня жизни, расширение сферы развлечений добавило ещё одну волну одиночек. Теперь можно играть в футбол в виртуале[6], не ходить за покупками, работать дома и свести к минимуму всякое взаимодействие с людьми. Это одиночество «умников». Им интересно с собой, им никто не нужен. Они взламывают[7] защитные системы НАТО[8] и читают философов. Они ищут научное оправдание своему одиночеству — и находят. Они начинают снисходительно относиться к окружающим — и... становятся безгранично одинокими.

Причин одиночества много. Чаще всего оно в нас самих. Мы зацикливаемся[9] на себе, не хотим понять и признать за другими права испытывать те же эмоции[10]. Мы не прощаем несовершенства окружающих и не можем понять, что идеала нет. Но чем дольше мы не начинаем бороться с собой, тем толще становится скорлупа[11] одиночества, окружившая наше поколение.

1.	заповедь	戒条，圣训
2.	портвейн	波尔图葡萄酒（原产于葡萄牙的波尔图）
3.	общага	即 общежитие
4.	таёжный	тайга 的形容词
5.	менталитет	精神性，心灵
6.	виртуал	虚拟
7.	взламывать	摧毁

8.	НАТО	北大西洋公约组织
9.	зацикливаться	对……着迷
10.	не хотим понять и признать за другими права испытывать те же эмоции	我们不愿意理解和承认别人体验同样感受的权利
11.	скорлупа	外壳；束缚

Задания

Переведите предложения на китайский язык.

1) Виновата наша собственная нетерпимость к людям, завышенные требования к близким.
2) Мы все время чего-то ждем от других.
3) Нам неинтересно, что происходит в душе матери, друга, соседа.
4) Одинокий человек едва ли мог чего-то в жизни добиться.
5) Они ищут научное оправдание своему одиночеству — и находят.
6) Причин одиночества много. Чаще всего оно в нас самих.

Текст 3

У тебя есть ты!

Вы внезапно остались наедине с самим собой и готовы лезть на стену? Не торопитесь. Одиночество можно использовать во благо как угодно! Прислушайтесь к себе. Наверняка у каждого из нас найдется что-то такое, что мы должны были сделать, как нам казалось, немедленно, но не сделали. Наконец-то можно привести в порядок накопившиеся за много лет фотографии, перечитать Достоевского, научиться рисовать. Можно уехать куда-нибудь изучать неизвестное самостоятельно, неторопливо выбирая свою дорогу. Отдохнуть от бесконечных толп гостей, повесить на холодильник амбарный[1] замок и питаться одними яблоками. Залезть на диван[2] и сочинить стихотворение.

Можно не торопясь подумать о себе и о своей жизни. Погрустить о чём-то несбывшемся, порадоваться тому, что получилось. Заварить себе чаю. Просто расслабиться, не боясь того, что к вам кто-нибудь ввалится[3] с радостным криком: «Хватит тут торчать! Пошли веселиться!»

Одиночество, как это ни странно, стимулирует[4] творческие способности. Вспомните хотя бы одного писателя, поэта или художника, у которого была полноценно сложившаяся личная жизнь. Только одиночество обеспечивало им необходимое вдохновение.

Вы не одиноки. Вы независимы от надоевших вам людей и нудных обстоятельств. Вы можете неожиданно исчезнуть и так же ножиданно появиться. Можете уйти только туда, куда сами захотите. А вдруг жизнь повернется так, что там вы встретите такого же человека, как вы сами? И достоинства одиночества будете обсуждать вдвоём.

1. амбарный	仓库的
2. залезть на диван	躺到沙发上
3. ввалиться	闯进
4. стимулировать	刺激

Задания

Составьте предложения со следующими словосочетаниями и выражениями.

1) остаться наедине с самим собой
2) использовать (что) во благо как угодно
3) привести (что) в порядок
4) питаться чем

Урок 5

Текст 1

Главная звериная «общага» страны

Куда уходят слоны?

Вопреки расхожему¹ мнению посетителей зоопарка, что «несчастные зверюшки» голодают и поэтому их непременно надо подкормить куском булки или сосиской (чего, наоборот, делать категорически не следует!), едой животные не обделены². Даже в самые сложные кризисные времена благодаря заботам руководства зоопарка и правительства Москвы звери не голодали, ели досыта.

Самая же большая проблема зоопарка — не чем накормить, а чем занять скучающее зверье, и для этого придумываются целые комплексы специальных мероприятий, позволяющих животным «петь, плясать и веселиться». Это в дополнение к самому любимому и доступному развлечению³ — любовным играм.

И между прочим, расхожее мнение, будто некоторые животные в неволе не размножаются⁴, ошибочно. Просто есть такие, для размножения которых люди еще не научились создавать необходимые условия. Очень в этом смысле капризны, например, тритоны⁵ и другие земноводные⁶: то им влажность не та, то температура... Зато снежные (они же японские) макаки⁷ только и делают, что размножаются. С охотой плодятся⁸ и львы, но у одной львиной пары, как они ни старались, долго ничего не получалось. Взяли на анализ сперму⁹ самца, и оказалось, что он бесплоден.

Но все мы смертны, в том числе, увы, и «братья наши меньшие» — слоны, бегемоты¹⁰, жирафы и т. д. И в этой связи рождается закономерный — смешной по форме, но грустный и серьезный по сути — вопрос: где и как хоронят почивших вечным сном¹¹ слонов? Оказывается, нигде и никак. Согласно санитарным требованиям, их, как это ни печально, просто-напросто подвергают «утилизации»¹² — ночью спецбригада расчленяет усопшего слоника на составные части, которые затем кремируют¹³. В лучшем случае шкура животного и «рога и копыта»¹⁴ идут на изготовление чучела.

Животные — как люди. И наоборот

Самым трагичным в истории Московского зоопарка стал, пожалуй, 1978 год, когда группа пьяных подростков-отморозков¹⁵ ночью забила до смерти нескольких кенгуру — взрослых и детенышей.

Вообще же что-либо подобное, к счастью, случается крайне редко, хотя взаимоотношения животных с разгого рода злоумышленниками и идиотами простыми не назовешь. Например, однажды работник соседней химчистки в состоянии полного алкогольного недоумения забрался в вольер¹⁶ к белым медведям и, недолго думая, врезал промеж¹⁷ глаз мирно жующему что-то главе медвежьего семейства¹⁸. Тот, добряк, и ухом не повел¹⁹, но когда мужик стал «приставать» к медведице, просто взял его зубами за шкирку²⁰ и скинул²¹ в водоем. Медведю сильно эта игра понравилась, и он макал обидчика в воду раз за разом, стоило тому выбраться на сушу, пока не подоспела помощь работников зоопарка²². В конце концов все закончилось благополучно, мужик отделался рваной раной плеча²³.

Борьба за выживание, за самку²⁴, за власть, в результате чего складывается четкая иерархическая пирамида²⁵, на самый верх которой забираются сильнейшие «альфа-особи»²⁶, а внизу мыкаются многочисленные слабые «омеги»²⁷, — это в равной степени присуще всем биологическим видам.

В качестве примера зоопарковцы рассказывают о большой обезьяньей стае. Даже когда вожак состарился и страдал от кучи болезней, ему достаточно было хотя бы раз в неделю рявкнуть²⁸, чтобы пресечь²⁹ любой беспорядок в стае. Однако стоило вожаку уйти в мир иной, как тут же все обезьяны погрязли³⁰ в драках, перестали кормить детенышей, тестали помирать... В общем — воцарился³¹ полный кавардак³² и администрации зоопарка, ввиду отсутствия достойного преемника вожака, пришлось пригласить такового на ПМЖ³³ из другого зоопарка, а уж он навел порядок.

В обезьяннике, кстати, всегда толпится больше всего посетителей, с веселым интересом разглядывающих своих дальних сородичей³⁴. Согласно данным учета, который ведется в зоопарке, на втором месте по популярности после обезьян — коралловые рыбки³⁵, затем идут жирафы, белые медведи, пингвины[36] и страусы[37]. Как правило, больше внимания привлекают животные, чем-то похожие на нас, а меньше всего — непохожие: птицы, змеи, всякие лягушки, ну и пресловутые бараны и козлы — не хотим мы себя в них узнавать...

1.	расхожий	一般的
2.	обделить	漏掉或少给
3.	в дополнение к чему	外加
4.	будто некоторые животные в неволе не размножаются	好像一些动物是被迫不繁殖后代的
5.	тритон	北螈
6.	земноводные	两栖动物
7.	макака	猕猴
8.	плодиться	繁殖,生儿育女
9.	сперма	精液
10.	бегемот	河马
11.	почивший вечным сном	长眠的
12.	утилизация	废物利用
13.	кремировать	把……火葬
14.	копыто	蹄
15.	отморозок	〈俚〉疯狂的,愚蠢的人
16.	вольер	兽栏
17.	промеж	〈前〉(二格)〈旧〉相当于между
18.	врезал промеж глаз мирно жующему что-то главе медвежьего семейства	向正在安静地咀嚼着东西的"熊家长"的两眼之间狠狠刺去
19.	ухом не повести	毫不在意
20.	взять за шкирку	抓住后脖颈子
21.	скинуть в водоем	扔到水中
22.	он макал обидчика в воду раз за разом, стоило тому выбраться на сушу, пока не подоспела помощь работников зоопарка	只要这个人一上岸,熊就把他一次又一次地抛入水中,直到动物园的工作人员赶来援助他为止
23.	мужик отделался рваной раной плеча	男人肩上被撕伤
24.	самка	雌的,母的(指动物)
25.	иерархическая пирамида	金字塔
26.	сильнейшие «альфа-особи»	指最强的动物。альфа 阿尔法,希腊语字母表中第一个字母的名称
27.	омега	指最弱的动物。омега 欧米伽,希腊语字母表中最后一个字母的名称

28. рявкнуть	吼一次
29. пресечь	制止,消除
30. погрязнуть	陷入
31. воцариться	降临,笼罩
32. кавардак	杂乱无章,混乱
33. ПМЖ	постоянное место жительства 常住地
34. сородич	〈旧〉同族；亲戚
35. коралловые рыбки	珊瑚鱼(生活在珊瑚丛的鱼)
36. пингвин	企鹅
37. страус	鸵鸟

Задания

1. Найдите соответствие.

1) макака   а. 河马
2) лев   б. 猴子
3) бегемот   в. 企鹅
4) жираф   г. 猕猴
5) метведь   д. 长颈鹿
6) пингвин   е. 熊
7) страус   ж. 狮子
8) обезьяна   з. 鸵鸟

2. Переведите словосочетания на китайский язык.

1) вопреки расхожему мнению посетителей
2) подкормить куском булки
3) благодаря заботам руководства
4) придумываются целые комплексы специальных мероприятий
5) взять (что) на анализ
6) согласно санитарным требованиям
7) забить до смерти
8) в состоянии полного алкогольного недоумения
9) складывается четкая иерархическая пирамида
10) пресечь беспорядок

11) уйти в иной мир
12) ввиду отсутствия чего

Текст 2

Открылся сезон змеиных укусов

Лето — такое время, которое змеи просто обожают, поскольку ничуть не меньше нас с вами любят греться на солнышке. Чтобы не пополнить армию укушенных, относитесь к встреченной змеюке с деликатностью: я тебя не трогаю, и ты меня не трогаешь. Это единственное универсальное правило. А вот те, кто его нарушит, могут столкнуться с целым букетом неприятных последствий. Чужеродный белок, попадающий в организм в составе змеиного яда, может спровоцировать самые разные реакции: аллергию, нарушение свертываемости[1] крови и весь спектр поражений нервной системы[2] — от чрезмерной сонливости до чрезмерной возбужденности. Сразу после укуса начинается боль, озноб, отекают[3] мягкие ткани вокруг пораженного места.

Обычно укусы змей протекают не очень тяжело, но лечить все равно нужно. — В первые секунды после укуса надо постараться выдавить из ранки несколько капель крови. Позже это делать бесполезно, яд распространяется по организму очень быстро. От укусов змей в аптеках ничего нет. «Поцелуй» змеи может вызвать анафилактический шок — резкое снижение давления, сбой дыхания, потерю сознания. И ни в коем случае не накладывайте жгуты[4]! В ране и без того развивается отек[5], а наложенный жгут только поспособствует нарушению кровообращения. Если есть возможность, обработайте пораженное место перекисью водорода, слабым раствором марганцовки[6] или йодом, а затем сразу в больницу.

1. свертнваемость	凝固
2. весь спектр поражений нервной системы	神经系统的损害
3. отекать	浮肿
4. жгут	止血带
5. отек	水肿，积水
6. марганцовка	高锰酸钾

Задания

Изложмте своими словами содержание текста.

Текст 3

Я люблю прическу

Вот уже пять лет у меня живет веселая, добрая и озорная собака. Зовут ее Нюся. Проблем с ней немного: Нюся не капризна и не привередлива[1]. Одна забота — собаку нужно регулярно стричь, иначе шерсть с нее летит клочьями по всей квартире[2].

Жизнь животных существенно зависит от материального положения хозяев. Когда в моем доме с деньгами не густо, я вызываю парикмахера на дом. К сожалению, нам с Нюсей никак не удается найти постоянного парикмахера, и в нашем доме каждый раз оказываются новые люди — кто по объявлению в газете, кто по рекомендации друзей. Поэтому и внешний облик собаки, и набор услуг, оказываемых парикмахерами, каждый раз сильно отличаются друг от друга. В среднем визит надомного мастера обходится мне в 300 руб.

Достоинство домашней стрижки — дешевизна. Недостатки домашней стрижки — отсутствие гарантий, что собаку подстригут хорошо, и, как следствие, невозможность предъявить претензии[3]. Кроме того, присутствие в доме незнакомого человека, что иногда бывает чревато всевозможными последствиями. Еще одна проблема — необходимость самому мыть животное (грязь в ванной, испачканная одежда[4] и затраты на шампуни гарантированы). И самое неприятное — это собачьи волосы, летающие по комнате или на кухне во время парикмахерских процедур. Плюс ко всему масса времени, потраченного на визит парикмахера и последующую уборку квартиры.

Когда жизнь налаживается и в моем кармане появляются деньги, я устраиваю Нюсе праздник — мы идем в салон для собак. Здесь, как в хорошей парикмахерской для людей, животным оказывают полный набор услуг: укорачивают когти, чистят уши, моют, расчесывают, стригут и сушат феном[5]. Стоит такая работа в среднем 500 руб. В критическом случае (крупная собака, запущенный[6] внешний вид и высокие запросы хозяев) стоимость работы может подняться до 1200–1500 руб. Если ходить с собакой в салон один раз в неделю, можно получить скидки. Если животное не видело ванной и ножниц около года, придется заплатить «наценку[7] на запущенность», примерно 25%. Чтобы попасть в салон, следует заранее записаться на определенный день и время.

Интересно, что в парикмахерских для собак обслуживание точно такое же, как и в салонах для людей. Мытье волос, стрижка и сушка феном — обязательны для всех четвероногих клиентов. А вот красить собаке когти или нет — это по желанию хозяина. Красят когти опять же «человеческим» лаком. Стоит такой маникюр 100 руб. Здесь же собаке могут покрасить шерсть. Можно окрасить собаку целиком, можно полосами или кружочками[8], кто как пожелает. Пока животному наводят красоту, хозяин может прогуляться по округе. И даже уехать по делам. В этом случае собака будет ожидать его в специально отведенном для нее боксе[9].

Достоинство салона-парикмахерской — качество обслуживания. А в случае чего всегда есть с кого спросить и кому в ответ «шею намылить»[10]. Недостаток один: цены кусаются.

1. привередливый	任性的
2. шерсть с нее летит клочьями по всей квартире	狗毛一团一团地在房间里飞
3. предъявить претензии	提出索赔的要求
4. испачканная одежда	弄脏的衣服
5. фен	吹风机
6. запущенный	疏于照顾的
7. наценка	加价
8. можно окрасить собаку целиком, можно полосами или кружочками	可以把狗全身都染,也可以染成条状或点状
9. бокс	(医院内部防止互相传染的)隔离室
10. намылить шею кому	惩罚

Задания

Закончите предложения, пользуясь материалом текста.

1) Вот уже пять лет у меня живёт...
2) Одна забота — собаку нужно регулярно стричь, ...
3) Жизнь животных существенно зависит от...
4) Когда в моём доме с деньгами не густо, я ...
5) В среднем визит надомного мастера...
6) Интересно, что в парикмахерских для собак обслуживание точно такое же, как...

Урок 6

Текст 1

О кофе без иллюзий[1]

«Если не начать день с чашки свежего кофе, то зачем тогда просыпаться?!» — сказал поэт И. Бродский, когда врачи кофе ему запретили. С ним солидарны[2] 24 млн. россиян.

«Кофеин повышает тонус[3] сердца, сосудов, возбуждает дыхательный центр, из-за чего кровь лучше насыщается кислородом. Он усиливает выделение желудочного сока[4], — утверждает В. Александрова, руководитель отделения клинической и профилактической диетологии Института питания РАМН[5]. — Но ... если у вас гипертония[6] (или склонность к ней), проблемы с сердцем, сосудами и почками, гастрит[7], язва — кофеин противопоказан. Подчеркиваю — именно кофеин. Потому что есть декофеинизированный кофе[8]. Для кофеманов главное — вкус, аромат. А в декофеинизированном всё это есть».

100 мг[9] для бодрости

Однако и здоровым пить кофе нужно с умом. Специалисты считают, что до 300 мг кофеина в день можно употреблять без ущерба для здоровья. Чтобы взбодриться, достаточно 100 мг (действие кофеина сохраняется до 3 часов). Теперь считайте: в 10 г молотого кофе[10] (3 чайные ложки с верхом) — 80–100 мг кофеина. В 1 чайной ложке растворимого[11] — 40–50 мг (в зависимости от сорта). По последним исследованиям на Западе, у тех, кто превышает эту норму, больше шансов получить инфаркт миокарда[12].

У курильщиков отношения с кофе особенные. Пока курящий кофеман «ловит кайф»[13], в организме происходит следующее: под действием кофеина сердце работает быстрее, ему нужно больше кислорода, который поступает из крови. А никотин сужает сосуды и препятствует полноценному кровоснабжению.

Теперь, приняв к сведению все вышеизложенное, можно и в магазин отправиться.

83% любителей кофе в России предпочитают растворимый (в США, к примеру — 20%). И на российском кофейном рынке картина соответствующая. 20% продаж приходится на кофе в зернах.

Им торгуют три фирмы. 80% продаж приходится на растворимый кофе. Его продают 40 фирм.

Фальсифицированного[14] зернового кофе нет. За его качеством следит международная организация там, где его продают. Причем из всего, что закупают для нас, только 20% перерабатывают в России.

Другое дело — кофе растворимый. Здесь фальсификация — не такая уж редкость. Причем подделывают не в России, а ввозят уже готовую подделку из других стран. Суть подделки в том, что низкосортный кофе выдают за высокосортный.

Осторожно, подделка!

Как рассказали специалисты Госстандарта, поддельный кофе нередко выдает упаковка. Она обычно из картона, легкой жести[15] или полиэтилена[16] с наклеенной бумажной этикеткой, как правило, блеклой. Популярный у мошенников прием — небольшое изменение в уже известном названии. Это расчет на нашу рассеянность. Например, на подделках написано Café Pele brazil (настоящий «Café Pele»)или Ness–Coffee («Nescafe»).

На этикетках фальшивок — минимум информации: ни названия фирмы, ни тем более ее адреса. Чаще — только страна. Почти на всех банках стоят штрих-коды[17]. Зная, что народ в них не силен, проставляют цифры, которых в таблице штрих-кодов вообще не существует, или берут цифры из резервных номеров (с 20 по 29), которые пока никакой стране не принадлежат.

Знайте: подделка товарного знака — уголовное деяние (ст. 180 УК[18]), за которое полагается штраф от 200 до 400 минимальных зарплат (сегодня это 20–40 тыс. руб).

Специалисты Госстандарта советуют: покупайте продукцию хорошо известных фирм (они обычно используют стеклянные или жестяные банки). Лучше — в магазине. И «не западайте» на дешевизну: кофе — продукт деликатесный и не может стоить дешево.

1. иллюзия	错觉
2. солидарный	与……意见相一致
3. тонус	〈医〉紧张度
4. выделение желудочного сока	胃液分泌
5. РАМН	Российская академия медицинских наук 俄罗斯医学科学院
6. гипертония	〈医〉高血压
7. гастрит	胃炎
8. декофеинизированный кофе	不含咖啡因的咖啡
9. мг	миллиграмм-сила 毫克（力）
10. молотый кофе	咖啡粉
11. растворимый	速溶（咖啡）
12. миокард	心肌
13. ловить кайф	此处指享用咖啡
14. фальсифицированный	伪造的
15. жесть	白铁
16. полиэтилен	聚乙烯
17. штрих-коды	条形码
18. УК	Уголовный кодекс 刑法

Задания

Ответьте на вопросы по тексту.

1) Для кого кофеин противопоказан?
2) Сколько мг достаточно, чтобы взбодриться?
3) Сколько процентов любителей кофе в России предпочитают растворимый кофе?
4) Какой прием у мошенников считается популярным?
5) Почему на всех банках подделок стоят штрих-коды?
6) Какие советы у специалистов Госстандарта?

Текст 2

Не все то квас, что пенится

Несмотря на обилие расплодившихся ныне различных прохладительных напитков, москвичи по-прежнему предпочитают утолять жажду квасом. В последнее время столичные прилавки поражают разнообразием бутылок с этим пенным напитком, тем не менее в ассоциации «Московский квас» уверены, что найти среди них настоящий квас очень сложно.

Как рассказал руководитель ассоциации Александр Андреев, в большинстве своем за этикеткой[1] со словом «квас» скрывается квасной напиток — обычная газировка, ароматизированная «под квас»[2]. Настоящего же кваса на сегодняшний день на столичном рынке всего 5–6 наименований. Отличить его от суррогата[3] очень просто: на бутылке обязательно должны быть слова «продукт солодового (или зернового) брожения»[4]. Солодовый квас считается боярским, у него более мягкий вкус, а зерновой, забористый, — крестьянским. И, конечно же, никаких консервантов, стабилизаторов, ароматизаторов[5] и других заменителей в нем быть не должно. Неким индикатором[6] подлинности напитка может стать и его цена: настоящий квас не может стоить меньше 18–20 руб. за бутылку (не в сезон) и 25 руб. за бутылку в жару. Кстати, выпускать квас в пластиковых бутылках начали не так давно — слишком уж капризен напиток, — и хранить его до бесконечности (даже невскрытым) нельзя. Максимум, который квас может выдержать в холодильнике, — 2 месяца, при комнатной температуре — месяц, после чего он прозаично закисает[7].

Исконно русский же способ употребления кваса — в розлив из бочки[8]. Правда, никто не гарантирует, что живительная влага[9], которая литрами вливается в москвичей из бочек, и есть квас. В ассоциации «Московский квас» рассказали, что они выпустили на улицы города только 100 цистерн-термосов[10], в которых пенный напиток может храниться 5 дней, при этом его температура увеличивается всего на 1–2° в сутки. Но сейчас хотя бы одна «квасная» бочка стоит возле каждого выхода из метро. Произведите нехитрые подсчеты, и выяснится, что все остальные бочки появились неизвестно откуда и, соответственно, жидкость их заполняет тоже неизвестно какая.

Причем не только некачественным напитком, но и настоящим квасом, который налили в грязную цистерну. Так что берегите свое здоровье, проверяйте, опломбирован ли люк на бочке[11].

1.	этикетка	标签
2.	обычная газировка, ароматизированная «под квас»	普通的，带有 квас 味道的汽水
3.	суррогат	替代物
4.	солодовое брожение	麦芽发酵
5.	консервант, стобилизатор, ароматизатор	分别是防腐剂；稳定剂；增香剂
6.	индикатор	指示器，此处指"特征"
7.	закисать	发酵
8.	в розлив из бочки	桶装
9.	живительная влага	酒，此处指 квас
10.	цистерна–термос	罐车
11.	опломбирован ли люк на бочке	罐口是否有铅封

Задания

Запомните.

минеральная вода	矿泉水
газированная вода	汽水
апельсиновый сок	橘子汁
фруктовый сок	水果汁
безалкогольные напитки	不含酒精的饮料

Текст 3

Пиво наше, хмель[1] — заморский

Нынешнее лето насыщено пивными праздниками. Недавно один прошел в Сочи, 17 июля в Лужниках будет проходить Пивной фестиваль, затем в сентябре в столице пройдет международная выставка «Пивиндустрия–99». Да и производство пенного напитка в нашей стране растет, с 1995 г. оно увеличилось почти в два раза. В прошлом году было сварено 324 млн. декалитров[2], а в этом году пивовары[3] планируют выдать 380 млн. декалитров.

Тем не менее генеральный директор ассоциации «Пивиндустрия» Владимир Шишин считает, что пива в стране производится недостаточно. Если в Германии потребление пива на одного человека составляет 180 литров в год, в Чехии — 150 литров, во Франции и США — 100 литров, то в России — лишь 23 литра. Потребление пива в нашей стране может вырасти до 60 литров на человека, то есть в 2,5–3 раза, считает В. Шишин.

Но реализовать огромный потенциал роста пивоварам мешает отсутствие надежной отечественной сырьевой базы. Например, в прошлом году урожай хмеля и ячменя[4] сократился, пришлось ориентироваться на импортное сырье. В нынешнем году эксперты Минсельхозпрода[5] также не радуют видами[6] на урожай. Жара, зерновые горят, так что ждать хорошего урожая «пивных» злаков[7] не приходится.

Не лучше обстоит дело и с производством хмеля. Основным поставщиком его традиционно была Чувашия[8]. Там ежегодно выращивалось до 3 тыс. т хмеля, но в прошлом году урожай составил лишь 600 т. Федеральное правительство даже приняло специальную программу по поддержке производства «пивного» сырья, но она практически не финансируется. Поэтому, сообщил представитель Минсельхозпрода, и в этом году, и в будущем практически все наши пивзаводы будут ориентироваться на западное сырье.

В России вырабатывается более 1000 сортов пива. Сертификацию российского пива проводит Центральная дегустационная[9] комиссия (ЦДК) на конкурсе, который носит закрытый характер — члены ЦДК (в нее входят представители Госстандарта, Минздрава, Минсельхозпрода и Минторга) и дегустаторы не знают, пиво какого завода они пьют и какому сорту выставляют оценку.

О многих из отечественных сортов знают только специалисты или узкий круг потребителей. Вряд ли многие москвичи могли когда-либо попробовать производимые на Камчатке[10] сорта «Мартовское» и «Витязь», ведь за пределы области оно практически не вывозится. А знаменитое «Смирновское», которое производят в Братске[11], не всегда можно попробовать даже в местном аэропорту. Между тем это российское пиво было удостоено «Гран-при»[12] на всемирной выставке в Париже «Качество-97». Российское пиво за рубежом знают. А «Ивановское» пиво даже варят в Германии по лицензии.

В восьмой выставке-ярмарке «Пиво-99» в Сочи приняло участие более 370 российских и иностранных компаний, производящих пиво и пивоваренное оборудование. Для сортов пива, получивших более трех золотых медалей в Сочи, был учрежден «Гран-при». Его обладателями стали компания «Витязь» (г. Ульяновск), Саранская[13] пивовареная компания и ЗАО[14] «Росар» (г. Омск)

1. хмель	啤酒花球果
2. декалитр	10 升
3. пивовар	啤酒酿造工人
4. ячмень	大麦
5. Минсельхозпрод	Министерство сельского хозяйства и продовольствия Российской федерации 俄罗斯联邦农业和粮食部
6. виды	指望, 展望
7. злаки	禾本科
8. Чувашия	楚瓦什 [俄]
9. дегустационный	[дэ]дегустация 的形容词, 品酒。ЦДК 中央品酒委员会
10. Камчатка	勘察加 [半岛] [俄]
11. Братск	布拉茨克 [俄]
12. Гран-при	[франц·Grand Prix] 最高奖
13. саранский	Саранск 的形容词, 萨兰斯克 [俄]
14. ЗАО	закрытое акционерное общество 封闭式股份公司

Задания

Переведите предложения на китайский язык.

1) Нынешнее лето насыщено пивными праздниками.
2) Если в Германии потребление пива на одного человека составляет 180 литров в год, в Чехии — 150 литров, во франции и США — 100 литров, то в России — лишь 23 литра.
3) Но реализовать огромный потенциал роста пивоварам мешает отсутствие надежной отечественной сырьевой базы.
4) В России вырабатывается более 1000 сортов пива.
5) Между тем это российское пиво было удостоено «Гран–при» на всемирной выставке в Париже «Качество–97».

Урок 7

Текст 1

Как сохранить эффект отпуска

Осень стремительно наступает, и даже те, кто тянул с отпуском до последнего, уже возвращаются в родные дома и офисы. Именно возвращение домой люди переносят, как правило, гораздо тяжелее.

Кто-откуда

Если вы «двигались» в направлении восток-запад, главная проблема адаптации[1] будет в перестройке биоритмов[2]. Из-за перемены часовых поясов нарушается не только режим сна, но и ритм всех органов человека. Начинается гормональная[3] «нестыковка»[4], из-за которой могут возникнуть недомогания в области сердца, проблемы с желудком, печенью, кишечником и т.д.

Путешествия с севера на юг (а особенно — обратно) — это «климатические революции» для организма. «Изменения температуры воздуха и содержания кислорода в нем, влажности, давления отражаются на состоянии прежде всего сердечно-сосудистой системы и дыхании», — предупреждает старший научный сотрудник Центра восстановительной медицины и курортологии, кандидат медицинских наук Ася Уянаева.

Общий дискомфорт[5] неизбежно отражается на настроении — резкие его перепады на какое-то время вам почти гарантированы. Не пугайтесь, это всего лишь одно из проявлений реакклиматизации[6].

Без шума и пыли

Чтобы организм вернулся на круги своя[7], в любом случае необходима примерно неделя. При условии, что вы — человек среднего возраста и считаете себя практически здоровым. Молодым (до 35 лет) потребуется чуть меньше, а солидным (после 45), наоборот, раза в два побольше. Дети возвращаются в свой «климатический режим» почти месяц.

Как адаптироваться к рабочим будням побыстрее и с минимальными потерями для здоровья?

- Избегайте физических нагрузок. Первые дни после отпуска не стоит затевать генеральную уборку в квартире, начинать ремонт. А вот влажная уборка и регулярное проветривание комнаты — только на пользу.
- Обойдитесь без больших и шумных компаний. Неизбежный при этом контакт с вирусами — большая нагрузка на иммунную систему[8].
- Старайтесь хотя бы полчаса в день ходить пешком в любую погоду. Это лучшая тренировка для сердца и сосудов.
- Следите за артериальным[9] давлением.
- Не переедайте и помните, что специалисты рекомендуют принимать витамины круглый год.

Если об отдыхе остались хорошие воспоминания, берегите изо всех сил эти ощущения, вспоминайте о них почаще! Тогда эффект отпуска продержится дольше, вы будете себя лучше чувствовать и, соответственно, успешнее работать.

1. адаптация	适应
2. биоритм	生物钟, 生物节律
3. гормональный	激素的
4. нестыковка	不对接
5. дискомфорт	不适
6. реакклиматизация	对环境的再适应
7. вернуться на круги своя	〈旧〉恢复原状
8. иммунная система	免疫系统
9. артериальный	动脉的

Задания

Отметьте «Да» или «Нет».

3 1) Если вы «двигались» в направлении восток–запад, главная проблема адаптации будет в еде.

2) Из-за перемены часовых поясов нарушается не только режим сна, но и ритм всех органов человека.

Текст 2

Чем утолить жажду

«Безусловно, лучшее средство для утоления жажды — прохладная вода (10–13°C), — говорит ведущий научный сотрудник НИИ питания Арсений Мартинчик. — А минеральная вода еще и пополняет организм необходимыми солями, которые уходят вместе с потом. Можно даже специально подсаливать обычную воду (1/2 чайной ложки поваренной соли на литр), так как соль задерживает влагу в теле. В прохладную погоду человеку достаточно 2 литров воды в день, включая и то, что поступает с едой. В жару норма увеличивается в 1,5 раза».

Однако многие хотят, утоляя жажду, получать еще и удовольствие. Тут, несомненно, хорош квас. Он обладает приятным вкусом и прекрасно подходит для нашего организма. Ведь квас на Руси пили испокон веков[1]. Утренняя чашка чая (как зеленого, так и черного) с лимоном снимет жажду почти до обеда (часа на 2–3). Лимонная кислота действует освежающе, а экстракты[2] трав, содержащиеся в чае, повысят тонус организма, укрепляя нервную и иммунную системы.

Зачастую попить чайку или водички нет возможности, особенно на работе. Тогда на помощь приходит целая армия лимонадов и газировок. Но утоляют жажду лишь те из них, которые имеют кисло-сладкий вкус и приготовлены на основе натурального сахара. Потому что, сахарозаменители и подсластители[3] оставляют во рту привкус, от которого снова хочется пить. Еще медики не советуют употреблять газированные напитки при желудочно-кишечных заболеваниях.

Чтобы утолить жажду соком, надо его развести пополам с водой, так как он в большей мере питательный напиток: содержит мякоть[4] и довольно много калорий. А лучше всего выполнят задачу смородиновый, яблочный и вишневый морсы[5]. Они менее сладкие и содержат около 15–20% сока.

Из молочных продуктов можно пить кефир, предпочтительно с пониженным содержанием жира. От молока же стоит отказаться: оно трудно усваивается в жару организмом и не поможет побороть[6] жажду.

Как и в любом деле, здесь нужна мера. От чрезмерного количества воды увеличивается нагрузка на сердце и почки. К тому же чем больше пьешь, тем больше потеешь. Поэтому пить надо маленькими глоточками. Так легче избавиться от жажды, и вы своевременно почувствуете, что употребили достаточно воды. Будьте также острожны с очень холодными напитками, иначе можно получить набор от неприятного ощущения в желудке до насморка, ангины[7].

1. испокон веков	自古以来
2. экстракт	提取物
3. подсластитель	甜味剂
4. мякоть	果肉
5. морс	果汁(饮料)
6. побороть	克服
7. ангина	咽炎

Задания

Закончите предложения, пользуясь материалом текста.

1) В прохладную погоду человеку достаточно 2 литров воды в день, включая и то, что...

2) Однако многие хотят, утоляя жажду, ...

3) Квас обладает приятным вкусом и ...

4) Еще медики не советуют употреблять газированные напитки при...

5) Из молочных продуктов можно пить кефир, предпочтительно с ...

6) Как и в любом деле, здесь...

7) К тому же чем больше пьешь, ...

8) Так легче избавиться от жажды, и вы своевременно почувствуете, что...

Текст 3

Завтрак съешь сам...

Завтрак — самая домашняя из ежедневных трапез[1]. Работающий человек обычно обедает в перерыв в столовой, если позволяют средства — в кафе. Обед (или как теперь модно его называть — ланч) порой бывает деловым, да и вообще в разгар трудового дня мысли все равно вертятся[2] вокруг работы. Ужинать можно в гостях или даже в ресторане.

Если люди завтракают вместе, они, как правило, и ночь провели вместе. Это семья. Или могут стать семьей. Женщины, стремящиеся завоевать мужчину, прекрасно понимают такие вещи и стараются задержать его, чтобы позавтракать. Ведь утро — начало дня, начало жизни в этот день, быть может, новой жизни. Оно пробуждает надежды, оно, как известно, вечера мудренее.

Самое глупое, что можно сделать, — регулярно оставлять себя без завтрака. Расплата за пренебрежение завтраком последует неизбежно, раньше или позже. Когда сосет под ложечкой[3], мучает изжога[4] или не дает покоя отрыжка[5], никакие дела не идут на ум. Остается только одна мысль — где бы раздобыть соды[6].

Проще не вступать в конфликт с собственным организмом. Однако завтрак — вовсе не проглоченный[7] наспех бутерброд хоть бы и с самым немыслимым деликатесом[8]. Завтрак должен быть горячим. Некоторые специалисты утверждают, что праздник для желудка — стакан свежевыжатого сока натощак[9], и все сходятся[10] на том, что, несомненно, лучший друг — каша. Можно всем доступно, готовится просто и быстро, особенно если с вечера замочить крупу[11] в кастрюльке с водой. Десять минут — и сытный и полезный завтрак на столе.

Завтрак — по-древнерусски заутрок — утренняя еда, в переводе с немецкого — ранний кусок, с английского — конец поста, с японского — утренний рис. У всех народов завтрак был горячим, плотным — ведь предстоял долгий трудовой день, часто на открытом воздухе, в жару или холод, в непогоду.

На Руси хозяйка вставала затемно, растапливала печь, варила кашу, позднее — картошку. В кубанских[12] станицах[13] до сих пор сохранился обычай есть по утрам суп.

Завтрак англичанина когда-то состоял из говядины, хлеба и пива. Потом традиционными стали поридж — жидкая овсяная каша на воде, которую уже в тарелке поливают сливками или молоком и посыпают сахаром, — яичница с беконом[14], тосты с апельсиновым джемом и крепкий чай с молоком или кофе.

Один из вариантов американского завтрака — хлопья[15] с молоком — берет свое начало[16] в религиозной общине[17] адвентистов[18] седьмого дня из штата Мичиган[19].

Североафриканское утреннее меню составляют козий сыр, фасоль, оливки[20], кофе.

В Японии на завтрак едят гохан — отварной рис, мизоширу — фасолевый суп, коно-моно — маринованные[21] огурчики, яйца и рыбу.

Будничный завтрак не требует особых разносолов[22] и разнообразия. Почему-то одно и то же утреннее блюдо не надоедает годами. Те же англичане едят свой поридж и яйца с беконом, кажется, уже несколько веков. Может быть, это подсознательная экономия мысли — ведь впереди целый день, а может, такой консерватизм порождает чувство устойчивости.

Зато завтрак в выходные дни позволяет дать простор фантазии. Не надо никуда спешить, можно приготовить что-нибудь необычное, долго сидеть за столом, устроить себе маленький, вполне рукотворный праздник.

После нормального завтрака можно смело бросаться в самые рискованные предприятия — основа успеха заложена[23].

1.	трапеза	进餐
2.	вертеться	围绕着
3.	сосет под ложечкой	心口隐隐作痛
4.	изжога	胃灼痛
5.	отрыжка	打嗝
6.	сода	苏打
7.	проглотить	吞
8.	деликатес	美味食品
9.	натощак	空腹
10.	сходиться	看法相一致

11. крупа	(各种作物的)米,粒
12. кубанский	库班河流域的
13. станица	(哥萨克的)大村落
14. бекон	熏(猪)肉,腊(猪)肉
15. хлопья	碎粒儿
16. брать свое начало	起源于
17. община	团体,协会
18. адвентист	基督复临安息日会信徒
19. Мичиган	密歇根(密执安)(州)〔美〕
20. оливка	橄榄油
21. маринованный	醋渍的
22. разносолы	好菜,佳肴
23. После нормального завтрака можно смело бросаться в самые рискованные предприятия — основа успеха заложена	一顿正常的早餐后可以勇敢地投入到最冒险的事情当中去,因为功的基础已经成奠定

Задания

1. Переведите предложения на китайский язык.

1) Завтрак — самая домашняя из ежедневных трапез.

2) Утро — начало дня, начало жизни в этот день, быть может, новой жизни.

3) Самое глупое, что можно сделать, — регулярно оставлять себя без завтрака.

4) Расплата за пренебрежение завтраком последует неизбежно, раньше или позже.

2. Запомните.

легкая закуска	快餐
пикник	野餐
банкет	宴会
ресторан	餐厅
столовая	饭馆
закусочная	快餐部
буфет	小吃部

кафе	咖啡馆
бар	酒吧
чайная	茶馆
говядина	牛肉
баранина	羊肉
свинина	猪肉
курица	鸡肉

Урок 8

Текст 1

Настоящая баня сотрясает все

У разных народов свои банные традиции. Японцы сидят в деревянной бочке с водой температурой 50 градусов, а потом час созерцают[1] цветы. На Востоке в банях влажный пар образуется благодаря разогреву до 50–60 градусов каменного пола, по которому ходят в деревянных сандалиях. Финны сидят и потеют в сухой парилке[2] при температуре воздуха 70–100 градусов. Русские любители бани начинают париться тоже при сухом воздухе, но потом влажность повышают до 50–70 процентов, а температуру воздуха понижают до 50–60 градусов. При этом колотят себя березовыми или дубовыми вениками[3]. И финны, и русские прерывают пребывание в парилке окунанием[4] в холодную воду или обтиранием[5] снегом.

В бане кожа человека нагревается до 39 градусов и выше. При этом погибают грибковые паразиты[6] и патогенные бактерии[7], очищаются каналы выделения пота, а с потом удаляются многие вредные вещества. Нагреваются и внутренние органы, что стимулирует их деятельность. Веник массирует тело, оздоравливая его. Мытье мылом (но не в парилке) дополнительно очищает кожу. «Как заново родился», — говорят люди, выходя из бани. Но не только физическое оздоровление получают люди в бане. Не менее важно и биоэнергетическое.

В деревянных парилках для обивки[8] часто применяют осину: она поглощает жизненную силу людей. Но за время нахождения в парилке осиновые доски забирают только небольшую часть энергии, в первую очередь ту часть, которая связана с болезнями человека. Также известно, что береза и дуб могут увеличивать жизненную силу. Поэтому комбинация осиновой обивки парилки с березовым или дубовым веником идеальна для биоэнергетического оздоровления человека.

Урбанизация[9] нашей жизни приводит к тому, что люди все реже ходят в баню. Можно по-быстрому нырнуть в ванну или принять душ, и не надо куда-то ехать, тратить уйму времени и денег на хорошую баню. Такая логика понятна, но нужно учитывать, что оздоровительный эффект от ванны и душа заметно ниже эффекта от хорошей бани. Поэтому многие, имеющие загородные дома, стремятся построить свою баню. И правильно делают.

Ну а что же делать тем, у кого нет желания или возможности ходить в баню или кто не имеет загородного участка с баней? Так им и жить неоздоровленными? Может быть, что-то можно сделать? Можно. Горячая ванна позволяет прогреть кожу и внутренние органы, и эффект от этого уже немалый. Каждые 10 минут температура тела возрастает на величину до 1 градуса, поэтому время нахождения в ванне нужно ограничивать. Помывшись, очень хорошо окатиться с головой холодной водой, не из душа, а из шайки, тазика. Вот оно — то самое страдание, тот самый удар, который оздоравливает биоэнергетическую основу человека. Если при этом вы ощущаете стресс[10], то вполне возможно, что в этот момент «слетели» ваши порчи[11] и другие неприятности.

Относительно душа трудно что-то рекомендовать — ведь под душем очищается только кожа. Даже то, что называют контрастным душем (быстрая смена горячей и холодной воды), имеет малый оздоровительный эффект — здесь стресс недостаточен для сотрясения биоэнергетического каркаса[12] человека. Единственное, что можно сделать для получения хотя бы небольшого эффекта, — под горячим душем хорошо прогреть тело и после этого окатиться холодной водой.

Все вышеописанное полезно только здоровым людям. Для больных и вообще для не вполне здоровых людей баня в полном объеме[13] процедур может быть слишком жестоким испытанием. И еще — спиртное совершенно несовместимо с нормальной банной процедурой. А что же пить в бане? Лучше всего чай или квас в ограниченном количестве, пиво же допустимо только после бани.

1. созерцать	观察
2. парилка	蒸汽浴室
3. колотят себя березовыми или дубовыми вениками	用桦树或橡树枝抽打自己
4. окунание	泡一会儿

5. обтирание	用(湿布等)擦身
6. грибковые паразиты	真菌引起的细菌
7. патогенные бактерия	病原菌
8. обивка	墙面
9. урбанизация	都市化
10. стресс	(机体的)紧张状态
11. порча	缺点；毛病
12. каркас	骨架；骨干
13. в полном объеме	完全

Задания

Ответьте на вопросы по тексту.

1) Благодаря чему в банях на востоке образуется влажный пар?
2) При каком воздухе начинаются париться русские любители бани?
3) Чем люди колотят себя при бане? Почему?
4) К чему приводит урбанизация нашей жизни?
5) Почему многие, имеющие загородные дома, стремятся построить свою баню?
6) Для кого полезна баня?

Текст 2

Невесты на потоке

В Столичных загсах[1] начинается горячая пора. После Пасхи выстроится очередь из желающих сочетаться браком: придут те, кто откладывал это событие из-за поста. Женихи — в строгих костюмах, невесты — в воздушных платьях. Кстати, а какие платья нынче в столице модны и где их можно купить?

На рынках вы найдете платья, которые шьют из материала очень низкого качества: никакого шелка или атласа[2] — только синтетика[3] и самый дешевый гипюр[4]. Любую жалобу на то, что тело в таких нарядах начинает тесаться уже во время примерки, продавцы парируют[5]: «Милочка, это же на один день, потерпишь». Праздничный вид платья из некачественных материалов, по замыслу их создателей, должны приобрести за счет украшений, которые отвлекут глаз от ужасной дерюги[6].

Все сомнения, которые возникают у невесты по поводу предложенного товара, отметаются[7] доводами вроде «сейчас это модно» или «ничего, так нынче носят».

В салонах предлагают платья стоимостью 300 долл. и выше. Их основа выполнена из атласа, реже — шелка или креп-сатина[7]. Платье, которое вам нравится, сошьют в российской провинции (там дешевле) специально по вашему заказу из выбранных вами материалов. Его обязательно подгонят по фигуре. Стандартный набор предлагаемых расцветок: белый, слоновой кости, кремовый — иногда можно встретить голубой и мышиный.

Среди дорогих платьев можно найти практически любую модель. Классические с пышными юбками и рукавами любой длины и формы. Длинные, узкие и прямые. Короткие. В виде сарафана. С вырезом на спине и юбкой выше колен. С декольте[8] или воротничком-стойкой[9]. В мире дорогих свадебных платьев моду определяют ваши предпочтения и вкус.

1. загс	结婚登记处
2. атлас	缎子
3. синтетика	合成纤维
4. гипюр	凸花花边
5. парировать	反驳
6. дерюги	粗布
7. отметаться	被驳斥
8. креп-сатин	绉绸—缎纹织物
9. декольте [дэ тэ]	袒胸露背的(指女人服装)
10. стойка	立领

Задания

Переведите предложения на китайский язык.

1) На рынках вы найдете платья, которые шьют из материала очень низкого качества.
2) Праздничный вид платья из некачественных материалов, по замыслу их создателей, должны приобрести за счет украшений, которые отвлекут глаз от ужасной дерюги.
3) В салонах предлагают платья стоимостью 300 долл. и выше. Их основа выполнена из атласа, реже — шелка или креп-сатина.
4) Среди дорогих платьев можно найти практически любую модель.

Урок 9

Текст 1

До отдела кадров[1] — детектор лжи[2]

В последнее время при устройстве на работу в коммерческие фирмы новичкам предлагают пройти проверку на полиграфе[3]. «Детектор лжи» бесстрастно фиксирует[4] физиологические реакции человека при ответе на вопросы: частота дыхания, кровяное давление, пульс, потоотделение[5]... Выгода работодателя понятна. Прибор помогает выявить нежелательные (для будущей должности) наклонности кандидата на работу, выяснить, не утаивает[6] ли он каких-то фактов своей биографии и т. п. А вот у людей, находящихся по другую сторону полиграфа[7], возникают сомнения — в соблюдении прав человека, в точности оценок... Особенно, когда вдруг срывается[8] выгодная должность.

Да, работодатель имеет полное право применять полиграф. Но беда в том, что достоверность результатов сильно зависит от уровня подготовки полиграфилога. Настоящих специалистов мало кто готовит. Зато много самоучек, которым при покупке прибора лишь вкратце объяснили, что к чему. Подобные «специалисты» могут «наляпать»[9] ошибок. Если, к примеру, задавая вопрос, вдруг изменить интонацию, у испытуемого от неожиданности вполне может участиться[10] пульс. А псевдоспециалист решит, что испытуемый соврал. И человек ни за что пострадает. Или другой пример. Молодой человек пришел устраиваться на фирму. При опросе с помощью полиграфа на вопрос: «Пробовали ли вы наркотики?» — ответил: «Нет». Хотя однажды, еще в подростковом возрасте, затяжка[11] все же была. Из показаний прибора следовало, что испытуемый что-то скрывает. Но полиграфолог не дал человеку возможности (что неправильно!) объяснить зафиксированную на приборе реакцию. Парню работа не досталась.

Что же должен знать «подопытный»[12] трудящийся (а также работодатель и уж тем более полиграфолог), отправляющийся на «допрос»? Российским агентством экономической безопасности и управления рисками Торгово – промышленной палаты РФ[13] совместно с Институтом криминалистики ФСБ[14] РФ разработаны определенные правовые нормы по подготовке полиграфологов и по проведению опросов. Эти нормативные документы опубликованы в книге «Применение полиграфа при профилактике, раскрытии и расследовании преступлений». Благодаря им испытуемый с помощью полиграфа человек сможет защитить свои права.

1. Опрашивать на полиграфе имеет право специалист, имеющий свидетельство о присвоенной квалификации.

2. Перед опросом вас должны ознакомить с вашими правами, выдав специальную памятку[15].(Внимательно прочитайте ее!) В ней помимо прочего сказано, что опрос возможен только в том случае, если человек даст на это добровольное письменное согласие.

3. Перед началом опроса вас обязательно должны ознакомить и с предстоящими вопросами. Они должны быть вам понятны. Вы имеете право участвовать в их редактировании.

4. В ходе опроса вам не имеют права задавать вопросы, касающиеся политических, религиозных или расовых[16] взглядов, государственной и военной тайны, деятельности правоохранительных органов и спецслужб.

5. На любом этапе опроса вы имеете право отказаться от дальнейшего участия в нем. Но...

6. Если вы отказались от опроса на полиграфе, работодатель оставляет за собой право отказать (увы!) вам в приеме на работу. Но не все потеряно: если и впрямь откажет, можете обратиться в Международный суд при Торгово–промышленной палате РФ.

7. Если вы прошли опрос на полиграфе, уже работая на фирме, только лишь по результатам опроса никаких мер, ущемляющих[17] ваши законные интересы, принимать не имеют права.

8. Если вы физически или психически истощены[18], если у вас обострилось заболевание сердечно – сосудистой или дыхательной системы, если вы женщина во второй половине беременности, опрашивать вас с помощью полиграфа запрещается.

9. Если при опросе памятка была нарушена, вы имеете право узнать у специалиста регистрационный номер его свидетельства и сообщить о нарушениях в Российское агентство экономической безопасности и управления рисками Торгово–промышленной палаты РФ по тел. 925-28-30.

1. отдел кадров	人事部门
2. детектор лжи	测谎器
3. полиграф	多种波动描记器，此处指测谎器
4. фиксировать	记下
5. потоотделение	汗分泌
6. утаивать	隐瞒
7. люди, находящихся по другую сторону полиграфа	位于测谎器另一端的人(指为别人测谎的人)
8. срываться	没实现，吹了
9. наляпать	匆忙地做
10. участиться	加快
11. затяжка	吸一口
12. подопытный	供实验用的
13. Российское агентство экономической безопасности и управления рисками Торгово-прамышленной палаты РФ	俄罗斯联邦工商局俄罗斯经济安全与风险管理处
14. ФСБ	Федеральная служба безопасности 联邦安全局
15. памятка	守则
16. расовый	种族的
17. ущемлять	侵害
18. истощить	使精疲力竭

Задания

Отметьте «Да» или «Нет».

1) В последнее время при устроистве на работу в коммерческие фирмы новичкам предлагают пройти проверку на полиграфе.

2) Достоверность результатов применения полиграфа зависит от испытуемых.

3) Были разработаны Министерством здравоохранения Российской Федерации определенные правовые нормы по подготовке полиграфологов и по проведению опросов.

4) Опрашивать на полиграфе имеет право человек, не имеющий свидетельства о присвоенной квалификации.

5) Опрос возможен только в том случае, если человек даст на это добровольное письменное согласие.

6) Опрашивать с помощью полиграфа женщину во оторой половине беременности запрещается.

Текст 2

Как сохранить мозг молодым

Институт мозга РАМН[1] был создан для изучения мозга Ленина. Со временем он обзавелся[2] довольно внушительной коллекцией мозга известнейших людей: Сталина, Сахарова, академика Ландау[3], Маяковского... Специалисты этого НИИ[4] пытаются выяснить, какие изменения претерпевает с годами вместилище человеческого ума.

— До определенного возраста человек не испытывает энергетического дефицита, но с годами энергоснабжение головного мозга ухудшается, — говорит заведующий лабораторией возрастной физиологии мозга, доктор биологических наук Виталий Фокин. — Кислород, глюкоза[5], аденозинтрифосфорная кислота (АТФ[6]) становятся доступны все в меньшем количестве и, что самое прискорбное, все хуже усваиваются мозгом. В пожилом возрасте активная деятельность головного мозга, особенно в экстремальных[7] ситуациях, сравнима с пребыванием в разреженной[8] атмосфере — не хватает кислорода. В топку идет «горючее второго сорта» — жирные кислоты и белок[9]. Нарушается кислотный баланс мозга.

Но процессы старения, общие для всех людей, у каждого проявляются по-разному. Точнее, их можно разделить на 3 большие группы. Типы старения условно можно было бы назвать так: «мудрый старец», «консерватор» и «суетливый старичок».

Что есть мудрость?

«Мудрый старец» — наиболее оптимальный (и редко встречающийся) тип старения. Действительно, Игорь Моисеев, который в 93 года ставит новые танцы для своего ансамбля, у нас один. Сергей Михалков (87) до сих пор пишет стихи и помнит наизусть большую часть своих прошлых сочинений. Галина Уланова в 86 лет преподавала балетное мастерство совсем еще юным девушкам. Академик Борис Рыбаков (год рождения 1908), до самого последнего времени возглавлял Институт археологии и писал труды по истории древних славян. Василий Смыслов в 70-летнем возрасте вошел в четвертьфинал[10] чемпионата мира по шахматам.

В чем же отличие этих людей от прочих смертных? В физиологическом смысле с «мудрыми старцами» происходит достаточно редкая вещь: в некоторых случаях ствол мозга стареет раньше, чем полушария. Ствол же, как известно, тесно связан с эмоциональным поведением. Когда человек уже не живет страстями молодости, когда ему равно чужды общественное признание и успехи в бизнесе, но при этом сохраняется ясное мышление — это, видимо, и есть мудрость.

«Консерваторы» с возрастом предпочитают держаться за старые, проверенные рецепты! Достигнув в молодые и зрелые годы определенных высот, они до старости предпочитают почивать на лаврах[11]. Эти люди предпочитают пишущие машинки компьютерам только на том основании, что допотопный «ундервуд»[12] им более знаком и понятен. Консерваторов характеризует стойкое нежелание идти даже на минимальный оправданный риск в надежде, что ситуация как-нибудь сама собой «рассосется»[13]. Такой склад ума не обязательно плох, но, допустим, для политиков он не всегда благоприятен.

«Суетливый старичок» тратит энергию по-молодому, не считаясь со своими возможностями. Поэтому, увы, и умирает, как правило, раньше. Юлий Цезарь[14], например, был известен тем, что в молодости умел делать по нескольку дел сразу: читать один текст, писать другой и при этом еще разговаривать о чем-то. В возрасте 56 лет он пал жертвой заговора[15]. В этом ему повезло — доживи Цезарь до более преклонного возраста, он скорее всего превратился бы в суетливого старичка, который, не доведя одного дела до конца, хватается за следующее и его бросает...[16] Все оттого, что человек не хочет или не может правильно стареть. Он цепляется за привычки молодости, вместо того чтобы сознательно перестроить свою жизнь сообразно возрасту[17].

Рецепты их молодости

Минусы пожилого возраста вроде бы очевидны: медленная реакция, ухудшение кратковременной памяти, уменьшение массы мозга. Зато есть и плюсы — с возрастом приходит опыт, который позволяет избежать многих ошибок молодости. Ученые связывают это с тем, что с годами в сером веществе[18] образуются новые аксоновые[19] связи, которые позволяют решать проблемы не в лоб[20], а более эффективно. Мозг как бы переходит на «энергосберегающие технологии».

У каждого долгожителя — свои рецепты против старения души. Игорь Моисеев называет творчество и фантазию. Кстати, это характерно для всех людей творческих профессий: что их личный возраст по сравнению с возрастом искусства, которое, по определению, вечно? Георгий Вицин (80) избегает всяческих волнений, даже радостных, принципиально не смотрит телевизор и признается, что его спасает только юмор. Медленнее стареют те, кто много общается с молодежью.

1.	РАМН	Российская академия медицинских наук 俄罗斯医学科学院
2.	обзавестись чем	购置,弄到
3.	Андрей Дмитриевич Сахаров; Лев Давидович Ландау	分别是苏联物理学家,苏联科学院院士; 苏联理论物理学家,学派创始人。
4.	НИИ	Научно-исследовательский институт (科学) 研究所
5.	глюкоза	葡萄糖
6.	АТФ	аденозинтрифосфорная [дэ] кислота 腺苷三磷酸
7.	экстремальный	极端的
8.	разреженный	稀薄的
9.	В топку идет «горючее второго сорта» — жирные кислоты и белок.	进入到"炉膛"(指大脑)里的是"次等燃料" —— 稠的酸和蛋白质。
10.	четвертьфинал	半复赛
11.	почивать на лаврах	吃老本
12.	ундервуд [дэ]	一种牌子为"安德乌"的打字机
13.	рассосаться	〈转,口语〉消除
14.	Юлий Цезарь	尤里乌斯·恺撒(大帝)
15.	пасть жертвой заговора	死于阴谋

16. доживи Цезарь до более преклонного возраста, он скорее всего превратился бы в суетливого старичка, который, не доведя одного дела да конца, хватается за следующее и его бросает...	如果恺撒大帝活到暮年,他很可能会成为一个忙忙碌碌的老头,一件事做不完,就去做另一件,又再把它丢下……
17. Он цепляется за привычки молодости, вместо того чтобы сознательно перестроить свою жизнь сообразно возрасту.	他不是自觉地改变自己的生活以适应年龄,而是死抱住年轻时的习惯不放
18. серое вещество	〈解〉灰质
19. аксоновый	名词 аксон(轴突)而来
20. в лоб	直截了当

Задания

1. Выберите правильный ответ.

1) Институт мозга РАМН был создан

    а. для изучения физической разницы разных поколений.

    б. для изучения Ленина.

    в. для изучения мозга Ленина.

2) До определенного возраста человек

    а. не испытывает энергетического дефицита.

    б. активная деятельность головного мозга сравнима с пребыванием в разреженной атмосфере.

    в. обзавелся довольно внушительной коллекцией мозга известнейших людей.

3) Мудрый старец —

    а. человек с возрастом, которые предпочитают держаться за старое.

    б. человек, который тратит энергию по-молодому, не считаясь со своими возможностями.

    в. человек оптимальный, с которыми часто происходит достаточно редкая вещь.

2. Отметьте «Да» или «Нет».

1) Игорь Моисеев до самого последнего времени возглавлял институт археологии и писал труды по истории древних славян.

2) Процессы старения, общие для всех людей, у всех проявляется одинаково.

3) У каждого долгожителя — свои рецепты против старения души.

4) Старению препятствуют правильный образ жизни и низкий интеллект.

Урок 10

Текст 1

Химчистка[1]: мокрая или сухая?

Снова весна — и снова пора в химчистку. Принцип: «в ту, что поближе к дому» уже устарел — химчисток в крупных городах много, одну и ту же вещь могут вычистить совершенно по-разному, в хорошие ли руки попадет вещь и будет ли она лучше после химчистки?

Их много — наши, американские, немецкие, итальянские. Как чистят наши — знаем. Может, импортная лучше? Но оказалось, что, когда на вывеске написано: «итальянская химчистка», это не значит, что пятна будут оттирать коренные итальянцы. Просто в этой химчистке установлено итальянское оборудование или используются итальянские химикаты[2].

Первое, чем надо поинтересоваться, придя в химчистку, это то, каким способом будут обрабатывать вашу шубу, куртку или дубленку. Во всем мире есть на сегодняшний день только два способа химической чистки: «сухой» и «мокрый». При «сухом» используются растворители[3] типа перхлорэтилена[4], гидрокарбоната[5], иногда фреона. «Сухая» чистка радикальна, но не очень приятна: даже через несколько дней после чистки вещь пахнет чем-то химическим и в ней самой полно остаточных ядовитых веществ.

Еще несколько лет назад химчистка как вид услуг был признан потенциально опасным для населения. Тогда, да и сейчас в большинстве регионов основным чистящим «ингредиентом»[6] был фреон, который сегодня на Западе запрещен повсеместно. Одежда, которая соприкасается с телом, почищенная с использованием активных и вредных химикатов и по устаревшей технологии (на отечественном и чешском оборудовании), может вызвать аллергию и кожные заболевания.

«Мокрая» чистка — более щадящий[7] способ. Здесь нет токсичных[8] растворителей, традиционных химикатов. «Мокрым» ли способом почистили вашу вещь, можно узнать по запаху: его попросту нет.

Совсем недавно Госстандарт Рассии ужесточил⁹ требования к безопасности и качеству услуг химической чистки одежды. На основе итальянской, немецкой, американской и венгерской технологий был разработан новый российский ГОСТ[10]. По нему на наших вещах после чистки не должно оставаться пятен, затеков[11], дырок.

С другой стороны, если вы принесли вещь с застарелыми пятнами и следами пота, с вытертостями[12] и прочими «украшениями», ее скорее всего не примут. Если же проявите настойчивость, вещь примут «в работу» при письменном отказе от всяческих последующих претензий[13].

По новому же ГОСТу химчистка имеет право не выплачивать стоимость дубленки или кожаной куртки, если при чистке был выявлен так называемый скрытый прижизненный порок. Что это? Такое обычно бывает с недорогими кожаными вещами, купленными на толкучках[14]: предположим, овцу, из кожи которой сшита куртка, при жизни сильно кусали оводы[15]. Минидырки при обработке химикатами расползлись[16] — пропала куртка... Еще химчистка не отвечает за вздутие[17] клеевых прокладок[18] на лацканах[19] пиджаков, за полинявшую[20] одежду в большинстве своем турецкого производства, за некондиционную[21] одежду и откровенные подделки.

1.	химчистка	(化学)干洗;(化学)干洗店
2.	химикат	化学剂
3.	растворитель	溶剂
4.	перхлорэтилен	全氯乙烯
5.	гидрокарбонат	酸式碳酸盐,碳酸氢盐
6.	ингредиент	组成部分
7.	щадящий	爱惜的
8.	токсичный	有毒的
9.	ужесточить	更加严格
10.	ГОСТ	государственный общесоюзный стандарт 全俄国家标准
11.	затек	痕迹
12.	вытертость	(皮衣的)磨损程度
13.	претензия	索赔
14.	толкучка	旧货市场
15.	овод	牛虻,马蝇
16.	расползтись	开绽

17. вздутие	隆起的地方
18. прокладка	垫
19. лацкан	翻领
20. полинять	褪色；脱毛
21. некондиционный	不合标准

Задания

Ответьте на вопросы по тексту.

Какую химчистку вы предпочитаете, мокрую или сухую? Почему?

Текст 2

Как ломбард[1] дает взаймы

Деньги, как известно, заканчиваются в самый неподходящий момент. И если взаймы стрельнуть[2] не у кого, ломбард — один из самых простых и доступных способов решения проблемы. Главное, чтобы под рукой оказался сам ломбард и такая вещь, которую бы там приняли.

В ломбарде принимают драгоценности, меха, изделия из кожи, аудио-, видеоаппаратуру. Редко где берут костюмы или платья. А если и берут, то только от дорогих, известных фирм. Так что лучше не пытайтесь сдать свои любимые брюки, изготовленные на московской фабрике. Их все равно не возьмут, какими бы новыми они ни были. Ведь в том случае, если вы за вещью не вернетесь, ее будут продавать на аукционе. С нашенскими брюками это вряд ли удастся. Значит, ломбард окажется в убытке.

Вашу вещь оценят прямо на месте. Например, вы приносите в ломбард новую видеокамеру, купленную за 200 долл. Так как вы ею совсем не пользовались, можете рассчитывать на 20–25% от ее стоимости[3]. В данном случае это в районе 1,5 тыс. руб[4].

От того, какую вам выдадут сумму, зависит процент, который придется заплатить, когда будете свою вещь выкупать. Дапустим, оценили в 200 руб. Тогда за каждый месяц с вас приблизительно по 30 руб., или, другими словами, 15% от этих двухсот. Если вы не в состоянии заплатить через месяц 230 руб., можете заплатить только процент, то есть 30 руб., и оставить товар еще на месяц.

На самом деле вариантов «работы» с ломбардом множество и в них легко запутаться. Одним из самых распространенных является вариант «отпуск». Вы собираетесь ехать на отдых за границу. А у вас есть одно или несколько украшений, которые вы не хотите брать с собой. Мало ли: в дороге украдут, потеряете, да и на курортах, в конце концов, всякие люди встречаются. Дома оставлять тоже боязно, ограбить могут. В этом случае вы приходите в ломбард сдавать, к примеру, золотую цепочку и колечко. Все это оценивают в 2 тыс. руб. Но зачем брать все деньги? Довольно приличный процент получается с этой суммы. Дешевле обойдется взять рублей 200 и спокойно наслаждаться заслуженным отдыхом.

Да, чуть не забыл про временные рамки, в которые попадает клиент ломбарда. По истечении срока вы не пришли за своей собственностью. Считайте, что наполовину вы ее лишились. Конечно, не все потеряно: вещь задержится в ломбарде еще на месяц. Правда, необходимо готовить «штрафные» проценты. Проще говоря, за этот дополнительный месяц вам придется заплатить в 2 раза больше. Ну а если вы не появитесь и после 30 льготных дней, то, как уже было сказано, ломбард, руководствуясь ст. 358 Гражданского кодекса РФ[5], «...вправе на основании исполнительной надписи нотариуса по истечении льготного месячного срока продать это имущество в порядке[6], установленном для реализации заложенного имущества...»

1. ломбард	当铺
2. стрельнуть	〈口〉讨,要
3. рассчитывать на 20-25% от ее стоимости	可以得到其价值的 20%~25%
4. в районе 1,5 тыс. руб	在 15000 卢布(范围)内
5. руководствоваться ст. 358 Гражданского кодекса РФ	按照俄罗斯联邦民法第 358 条
6. в порядке чего	以什么方式;按照

Задания

Переведите предложения на китайский язык.

1) Деньги заканчиваюся в самый неподходящий момент.
2) Вашу вещь оценят прямо на месте.
3) Одним из самых распространенных является вариант «отпуск».
4) По истечении срока вы не пришли за своей собственностью.
5) За этот дополнительный месяц вам придется заплатить в 2 раза больше.

Текст 3

Как сохранить урожай

Воскресными вечерами дачники тащат домой и в гаражи плоды своих сельхозтрудов. Как хочется сохранить их такими же свежими, ароматными подольше! И природа дарит такой шанс.

Не поленитесь узнать, что больше всего любит каждый фрукт и овощ. И пусть каждый получит свое: тепло или холод, сухость или влагу. Тогда ваш урожай сохранит не только внешнюю привлекательность, но и немало витаминов. Как этого добиться, рассказывает биолог Олег Монастырский (НИИ биозащиты растений Россельхозакадемии[1]):

— Есть три общих для всех плодов правила: первое — лучше всего урожай хранить в ящиках из дерева хвойных пород[2]; второе — нельзя допускать даже легкого прихватывания[3] морозом; третье — закладывать на хранение можно только здоровые (без червоточин[4], травм) плоды, и лучше, если они будут одного размера, а еще лучше — среднего.

Картошка

Больше шансов сохранить кондицию[5] у картошки, собранной осенью. Предпочтительнее хранить ее в ящиках, а если насыпью[6], то не выше 1 м высотой. Сильный стресс[7] для нее — перепады[8] температуры, поэтому температура должна быть ровной: +2···+4°. А с марта — 0°.

Капуста

Оптимально хранить ее на стеллажах[9], слоем в два яруса[10], кочерыжками[11] кверху при температуре +1···0°. Чем плотнее кочан, тем лучше и дольше он сохранится.

Морковь

Здесь придется повозиться[12]. Потому что морковку нужно выкладывать рядами, да не просто, а хвостик — к головке. И каждый ряд просыпать 3-сантиметровым слоем чистого песка[13]. А всего толщина слоя моркови в ящике не должна быть больше 50 см. Ящик неплохо бы выстлать полиэтиленом[14], тогда морковь дольше не вянет. Ей вообще нужна высокая влажность — не ниже 80%. И температура +1···0°.

Лук, чеснок

Лучше всего хранится острый лук, хуже — менее острый, совсем плохо – сладкий. Сетки с луком непременно подвешивайте, а в ящик насыпайте не больше 25 кг слоем до 50 см[15]. Лук любит влажность 80% и температуру +1···0°.

Зелень

При 0° и высокой влажности (например, в полиэтиленовом пакете) зелень сохраняет свежесть 3 недели. 85% витаминов улетучивается[16] из высушенной зелени, все 100% — из засоленной, 40–50% — из замороженной.

Тыква

Она по полезности своей — наш ананас и даже лучше. В ней много витаминов — С, В1, В2, Е, бета-каротина[17]. Тыква очень полезна для печени, всего желудочно-кишечного тракта[18]. Если ее правильно хранить (в сухом месте, при температуре 10–12°, нужно и дома, в квартире), то она отлично долежит до начала июля будущего года, то есть до нового урожая. Но это верно лишь для тыквы с плотной серой кожурой. Та, у которой она оранжевая или красная, хранится плохо, да и менее полезная.

Арбузы

Они отлично долежат да Нового года, если выбрать не переспелые, держать их в сухости при температуре +3···+4°.

Яблоки, сливы

Здесь принцип тот же, что и у картошки, — выбирать плоды только целые и здоровые, желательно средние по размеру. После сортировки их нужно быстро охладить до 0°. Они отлично пролежат 4 месяца. Груши сохранятся примерно полтора месяца.

Сливы можно заморозить. Для начала подержите полчаса в 4%-ном растворе аскорбинки[19]. Потом слейте[20], пересыпьте[21] в полиэтиленовый пакет и быстро заморозьте (при температуре –36°). Для хранения хватит и –15°. Если все сделано правильно, слива отлично пролежит месяца три.

Так же, но без аскорбиовой кислоты[22] можно заморозить зеленый горошек, стручки фасоли[23], цветную капусту, перец. При температуре –20° все это сохранится полгода.

1.	Россельхозакадемия	Российская сельскохозяйственная академия 俄罗斯农业研究所
2.	хвойные породы	松柏类
3.	прихватывание	冻伤,冻坏
4.	червоточина	虫眼
5.	кондиция	(商品等的)质量标准,此句意为:最好保存的是秋天收上来的土豆
6.	насыпью	散放着
7.	стресс	应激反应
8.	перепад	落差
9.	стеллаж	(多层多格的)架子
10.	слоем в два яруса	二层格的
11.	кочерыжка	(圆白菜的)菜茎,叶球茎
12.	повозиться	麻烦一阵
13.	И каждый ряд просыпать 3-сантиметровым слоем чистого песка	每一排都撒上了一层3厘米厚的沙子
14.	Ящик неплохо бы выстлать полиэтиленом	箱子最好盖上一层聚乙烯

15. а в ящик насыпайте не больше 25 кг слоем до 50 см.	箱子中存放的葱头不要超过25公斤，层高可达50厘米
16. улетучиваться	挥发
17. бета-каротина	胡萝卜素
18. желудочно-кишечный тракт	〈解〉胃肠道
19. подержите в 4%-ном растворе аскорбинки	放在浓度为4%的抗坏血酸溶液中
20. слить	把液体倒出
21. пересыпать	改装入
22. аскорбиовая кислота	抗坏血酸，维生素C
23. стручки фасоли	四季豆

Задания

Отметьте «Да» или «Нет».

1) Картошку предпочтительнее хранить в ящиках.

2) Капусту лучше хранить кочерыжками книзу.

3) Хранить морковь сложнее, чем кортошку.

4) Моркови нужна высокая влажность — не ниже 80%.

5) Острый лук хранится лучше, чем сладкий.

6) Чеснок по полезности своей — ананас и даже лучше. В ней много витаминов — C, B1, B2, E, бета-каротина.

7) Переспелые арбузы долежат до Нового года.

8) Принцип сохранять яблоки тот же, что и у картошки, — выбирать плоды только целые и здоровые, желательно средние по размеру.

Урок 11

Текст 1

Пыльная работа

Исторический процесс, хотим мы того или нет, многое ставит на свои места. С разделением труда ускорился прогресс, развились науки и техника. Вот только домашний труд — уборка, стирка, глажка, готовка, уход за детьми и престарелыми — уже много веков считается непременной обязанностью женщины, независимо от того, какой еще трудовой деятельностью она занята. А ведь заботы по дому развлечением не назовешь. Мужчины-ученые с некоей снисходительностью к женщинам рассказывают, что на глажку недельного белья семьи из 4 человек женщина тратит столько же калорий, сколько дирижер, в течение вечера управляющий симфоническим оркестром[1]. Вот только дирижер после концерта заслуженно отдыхает, а женщина, отставив в сторону утюг, берется за тряпку и ведро. И это после целого рабочего дня. А еще обед, дети, пыль, ботинки... и так каждый день. И какие бы суперпылесосы и утюги с тефлоновым покрытием[2] ни изобретали мужчины, женский труд по дому все равно остается тяжелым и изнурительным.

Однако вернемся к теме разделения труда. В Москве существует много организаций, занятых подбором домработниц — людей, готовых взять на свои плечи часть забот по дому и дать возможность женщинам в полную мощь проявить свои профессиональные таланты и немного отдохнуть. Конечно, труд домработницы, в отличие от труда матери и жены, стоит денег. Уборка квартиры, стирка, глажка белья и уход за ребенком оплачиваются 1–2 долл. за 1 час работы. За 6-часовой рабочий день при пятидневной неделе домработница получает 200–300 долл. Если домработница живет в доме, ее труд оплачивается в 200–250 долл. плюс питание. Стоимость труда зависит от объема выполняемой работы.

Труд иногородних оплачивается значительно ниже, чем москвичей.

Видимо, многие считают, что прописка гарантирует порядочность и надежность человека. Впуская в свой дом незнакомого человека (независимо от его возраста, пола и национальной принадлежности), проверьте документы, рекомендации, медицинские справки, характеристики, выданные профессиональными психологами той фирмы, которая подобрала вам домработницу. Кстати, общепризнанно, что женщины Востока домовиты³ и превосходно готовят. За услуги фирмы следует заплатить 50% от первой зарплаты домработницы. Конечно, жаль «выбрасывать на ветер» такую сумму, однако в случае, если у вас возникнут проблемы с домработницей, фирма возьмет на себя все моральные и материальные проблемы.

1. Мужчины-ученые с некоей снисходительностью к женщинам рассказывают, что на глажку недельного белья семьи из 4 человек женщина тратит столько же калорий, сколько дирижер, в течение вечера управляющий симфоническим оркестром	男性学者们带着对女士们的几许宽容讲到,一位女士每周烫一家四口人的衣服所消耗的卡路里,相当于一个乐队指挥指挥一场交响乐所消耗的卡路里
2. тефлоновое покрытие	聚四氟乙烯涂层(一种绝缘材料)
3. домовитый	善于持家的

Задания

Закончите предложения, пользуясь материалом текста.

1) С разделением труда ускорился прогресс, ...

2) А ведь заботы по дому...

3) Труд домработницы, в отличие от труда матери и жены, ...

4) Уборка квартиры, стирка, глажка белья и уход за ребенком...

5) Стоимость труда зависит от...

6) Труд иногородних оплачивается значительно ниже,...

7) Кстати, общепризнанно, что женщины Востока...

8) За услуги фирмы следует заплатить 50% от...

Текст 2

На что рассчитывать приезжим

Все приезжающие в Москву, надеясь на свою цепкость[1], энергию и желание работать, уверены, что именно им удастся найти престижную, высокооплачиваемую работу. Но как бы молоды и энергичны вы ни были, в столице действует негласный закон: для москвичей — одна работа, для иногородних — другая и за другие деньги.

С дипломом, но без прописки[2]

Без прописки найти работу по специальности человеку с высшим образованием сложно. На государственных предприятиях вам откажут под предлогом «не положено, не имеем права», в частных компаниях честно скажут: «Работа в нашей фирме подразумевает материальную ответственность и доступ к ценной базе данных. Где мне вас искать, если вы продадите наши разработки конкурентам или скроетесь с деньгами? По месту прописки — в Удмуртии?»[3] Конечно, бывает, что фирма не только берет иногороднего на работу, но и оплачивает регистрацию, снимает квартиру. Однако человеку с улицы таких условий никто не предложит. Обычно это люди из крупных российских городов, у которых помимо солидного опыта работы на ответственных должностях есть хорошие знакомые в столице, и переезд в Москву для них — успешное продолжение карьеры. Если вы хотите найти непременно работу по специальности, советую накопить перед отъездом в столицу побольше денег, чтобы получить временную регистрацию и спокойно искать приличную вакансию в течение нескольких месяцев, а не хвататься с голодухи за сомнительные предложения[4].

Приезжий может найти работу менеджера, секретаря, программиста, сотрудника для работы в офисе. В некоторых московских фирмах до 90% сотрудников не имеют прописки. Только не думайте, что это происходит от большой любви к равенству и справедливости, мол, прописка не важна, лишь бы человек был хороший. Все гораздо прозаичнее. Если, например, программист-москвич будет рассматривать предложения с зарплатой от 200 долл., то иногороднему можно сунуть⁵ 80–100 долл. и тот будет рад. Потому что знает: если он откажется, через сутки эта вакансия будет занята другим «непрописанным». Получается двойная конкуренция — со стороны москвичей и среди таких же приезжих. Расценки на услуги сотрудников, не имеющих прописки, намеренно занижаются. И люди работают (зачастую не привычную пятидневку, а шесть дней в неделю по 10–12 часов) и думают, что им еще повезло.

Без диплома, без удобств

Граждане, приехавшие в Москву с аттестатом средней школы или вовсе без него, а таких десятки тысяч, — это не просто дешевая, а практически бесплатная рабочая сила. В любой гезете объявлений можно найти множество предложений типа «Срочно! Стабильная зарплата! Для иногородних проживание!». Откликаются на такое предложение не только наивные и простодушные провинциалы, приехавшие в столицу два дня назад, но и те, кто, побегав по Москве в поисках работы, отчаялся найти что-нибудь стоящее. Расклейка объявлений, распространение рекламных листовок, а о подписании договора можно даже не заикаться⁶. Обычно офисы таких фирм располагаются в снятых квартирах, а лицензия, которую показывают работникам издалека, чистой воды подделка⁷.

Работа продавцом на рынке или просто с лотка на улице, за что берутся многие приезжие, приносит небольшой заработок — от 500 до 1000 руб., ну и плюс навар с обвешивания покупателей⁸. Условия жизни подчас просто антисанитарные — многие спят в тех же рыночных контейнерах, где и торгуют, мало у кого есть деньги на коллективный съем⁹ маленькой квартиры, в которой ночует десяток человек прямо на полу.

Иногородним строителям живется не легче. В Интернете на сайтах компаний, приглашающих иногородних рабочих строительных специальностей, ужасающих условий работы никто и не скрывает: «Специалистам необходимо иметь при себе личный рабочий инструмент, рабочую спецодежду. Обязательно взять теплую одежду, постельное белье, консервированные продукты из расчета на 10 дней (2–3 дня в поезде и 7 дней в Москве), предметы личного туалета¹⁰. В отдельных случаях проживание осуществляется по месту работы на объектах¹¹. Бытовки зачастую не благоустроены, поэтому рекомендуется взять с собой небольшую электроплитку, кастрюлю, столовый прибор, миску и кружку. Не каждый работодатель имеет на объекте столовую, поэтому, может быть, придется готовить самим. Средняя заработная плата 1500–2500 руб. Но вот о гарантиях получения этих денег ничего не сказано. Количество обманутых приезжих, конечно, никто не подсчитывал, но на две фирмы, где рабочие получают зарплату, приходится одна, выплачивающая строителям гораздо меньшую сумму, чем было обещано, иногда денег не дают вовсе[12]. Расчет простой — кто пойдет жаловаться, да и куда, если без регистрации официально работать в столице нельзя?

Еще одна категория приезжих — те, кто не боится никакой работы, в том числе противозаконной. Производство алкоголя, некачественных товаров, подделанных под продукцию известных компаний, подпольная запись кассет и дисков — перечислять можно долго. Рискуя больше всех, нелегальный рабочий получает в месяц около 400–500 руб. После очередного милицейского рейда[13] количество работников резко уменьшается и в газетах снова появляется: «Срочно! Требуются сотрудники. Большая зарплата».

1.	цепкость	本文指适应力
2.	прописка	登记(户口)
3.	Удмуртия	乌德穆尔特[俄]
4.	а не хвататься с голодухи за сомнительные предложения	而不要因为饥饿对那些不体面的工作来者不拒
5.	сунуть	塞给
6.	заикаться	稍微提到
7.	чистой воды подделка	名副其实的假货
8.	ну и плюс навар с обвешивания покупателей	还包括揩顾客的油
9.	съем	租赁
10.	предметы личного туалета	洗漱用具
11.	в отдельных случаях проживание осуществляется по месту работы на объектах	个别情况下安排住在工地上

12. но на две фирмы, где рабочие получают зарплату, приходится одна, выплачивающая строителям гораздо меньшую сумму, чем было обещано, иногда денег не дают вовсе	但每两个工人能拿到工资的公司，就有一个公司发给工人的工资少于事先允诺，有时干脆就不给
13. рейд	突击检查

Задания

1. Закончите предложения, пользуясь материалом текста.

1) Без прописки найти работу по специальности человеку...

2) Однако человеку с улицы таких условий...

3) В некоторых московских фирмах 80–90%...

4) Если программист – москвич будет рассматривать предложения с зарплатой от 200 долл., то...

5) Получается двойная конкуренция — ...

6) Обычно офисы таких фирм располагаются в снятых квартирах, а лицензия, которую...

2. Переведите следующие словосочетания.

1) рабочий инструмент

2) рабочая спецодежда

3) теплая одежда

4) постельное белье

5) консервированные продукты

6) предметы личного туалета

7) столовый прибор

8) взять с собой электроплитку

Урок 12

Текст 1

Жизнь в стиле метро

Влюбленные и гости

У нас еще никто не предлагал запретить целоваться в общественном транспорте. Очарованные парочки наводняют[1] метро ближе к вечеру, и, сколько бы ни толкали их в бока в час пик[2] более прозаично[3] настроенные пассажиры, наши влюбленные ничего не замечают. Но больше всего они любят длинные эскалаторы[4]. Кстати, некоторые московские донжуаны[5] именно там предпочитают знакомиться.

Не менее увлеченными, чем влюбленные, выглядят в метро кроссвордисты[6]. Их азарту и способности концентрироваться можно только позавидовать. Кроссвордистов можно встретить в подземке[7] в любое время суток. По моим наблюдениям, представительниц прекрасного пола среди них больше. Может быть, потому, что женский пол более любопытен...

В тесном вагонном пространстве колоритно[8] смотрятся и гости столицы. Нелепые[9], словно с «чужого плеча»[10], распахнутые настежь куртки, старомодные шапки и видавшие виды[11] мешки и сумки на пузе[12], оживленный разговор с милым провинциальным выговором. Они никогда не спят, боясь пропустить нужную станцию, караулят свой невзрачный[13], но увесистый[14] скарб[15]. Самая «интернациональная» линия метро — конечно, Кольцевая[16]. Поэтому там почти всегда пахнет потом и дешевым одеколоном.

Расписание

Метро — зеркало ритма и социального расклада[17] нашего города. С 8 до 11 утра отправляющиеся в центр поезда штурмует[18] армия готовых к бою горожан. В эти часы в метро читают мало, лишь студенты спешно пролистывают лекции. Кому посчастливится сесть, через несколько минут закрывают глаза, пытаясь украсть у Морфея[19] последние мгновения блаженной утренней дремоты. По-моему, Москва страдает хроническим недосыпом[20]: в метро сейчас умудряются спать даже стоя.

У каждой ветки специфическое пассажирское «лицо». Так, классические пассажиры южных и юго-восточных направлений — служащие «с девяти до пяти» и не шибко удачливые бизнесмены с целлофановыми[21] пакетами вместо кейсов[22]. Поезда красной «университетской» ветки[23] помимо возбужденных, поглощающих[24] что-то всухомятку[25] студентов обычно везут элегантных дам и суровых мужчин профессорского вида. А на центральных станциях («Маяковская», «Китай-город», «Охотный ряд», «Тургеневская») много «случайной» публики, спустившейся в метро, чтобы проехать две-три станции. Уверенным шагом заходят в вагон солидные чиновники, ухоженные дамочки, и обеспеченная молодежь — студенты журфака[26], РГГУ[27] и других модных вузов.

Ближе к полудню пассажиропоток ослабевает. Все, кто торопился на работу, уже приступили к делам, и те, кто спускается в метро в это время, не особенно спешат. Внимательно изучают карту станций метрополитена, похоже, еще не определившись насчет планов на день. На большинстве направлений (кроме поездов, идущих в сторону станции «Выхино», где час пик круглые сутки) есть свободные места, поэтому, устроившись поудобнее, дамы бальзаковского возраста[28] со смаком[29] вынимают из сумочек «нетленки» в бумажных переплетах[30]. А мужчины впиваются в сложенный вчетверо[31] свежий номер газеты.

С 17.30 до 21.00 ч — самое жаркое время. Москвичи возвращаются со службы, нагруженные сумками и проблемами. При искусственном вагонном свете их лица кажутся еще более усталыми и постаревшими. Но после девяти вечера в метро становится непривычно просторно. На перронную сцену выходят тинейджеры[32], направляющиеся в ночные клубы. Бомжи обычно едут куда-нибудь, лишь бы было тепло. Встречаются и любители «убивать» время, часами катаясь в пустеющем вечернем метро. А некоторые оригиналы[33] предпочитают таким образом готовиться к экзаменам.

Время жизни

В метро — другое ощущение времени. Если поезда нет больше трех минут, кажется, что он опаздывает уже на час. Но все точно знают, что самое большее на пятой минуте поезд, пусть и переполненный, но обязательно приедет. Восточные мудрецы говорят, что ничто так не успокаивает, как ощущение непрерывности бытия. Мы спускаемся в метро каждый день в одно и то же время, едем по одному и тому же маршруту из года в год.

1. наводнять — 使充满
2. час пик — 高峰
3. прозаично — 单调乏味
4. эскалатор — 扶梯，滚梯
5. донжуан — 唐璜式的人物（来自西班牙民间传说人物的名字 Don Juan）
6. кроссордисты — 猜纵横字谜的人
7. подземка — 地铁
8. колоритно — 富有特色
9. нелепый — 怪诞的
10. с чужого плеча — 不合身的
11. видать виды — 穿用已有年头的(指衣物)
12. пузо — 肚子，大肚子
13. невзрачный — 难看的
14. увесистый — 很重的
15. скарб — 家具什物
16. кольцевая — кольцевая линия，环线
17. расклад — 分布
18. штурмовать — 蜂拥而上
19. Морфей — 〈希腊神话〉摩尔普斯(睡神)
20. Москва страдает хроническим недосыпом — 莫斯科(人)在饱受慢性失眠症的痛苦
21. целлофановый — 玻璃纸的
22. кейс — 文件夹
23. красная «университетская» ветка — 指地铁图上用红色标注的那条线，大学站(университет)位于此线
24. поглощать — 吞食
25. в сухомятку — 干啃
26. журфак — Факультет журналистики 新闻系
27. РГГУ — Российский государственный гуманитарный университет 俄罗斯国立人文大学

28. бальзаковский возраст	三十到四十岁的女子（巴尔扎克许多小说中女主人公的年龄）
29. со смаком	津津有味地
30. «нетленки» в бумажных переплетах	订有硬纸皮的不朽的作品
31. сложить вчетверо	叠成四折
32. тинейджер	少年(通常指 14—17 岁)
33. оригинал	怪人

Задания

1. Отметьте «Да» или «Нет».

1) В Москве запрещается целоваться в общественном транспорте.

2) Больше всего влюбленные любят длинные эскалаторы.

3) Кроссвордистов можно встретить в подземке только вечером, когда они возвращаются домой.

4) Самая «интернациональная» линия метро — конечно, Кольцевая.

5) У каждой ветки специфическое пассажирское «лицо».

6) В метро — другое ощущение времени.

2. Закончите предложения, пользуясь материалом текста.

1) Неменее увлеченными, чем влюбленные, выглядят в метро кроссордисты. Их азарту и спсобности...

2) По-моему, Москва страдает хроническим недосыпом:...

3) Все, кто торопился на работу, уже приступили к делам, и те, кто спускается в метро в это время,...

4) С 17.30 до 21.00 ч — самое жаркое время. Москвичи возвращаются со службы, ...

5) При искусственном вагоном свете их лица...

6) А некоторые оригиналы предпочитают ...

Текст 2

Под землей звучит бах и барочная классика[1]

Серьезные музыканты (среди них есть и сотрудники филармоний[2]) в основном обитают[3] в подземелье метрополитена. То ли из-за повышенной проходимости, то ли из-за акустических[4] возможностей, а может, потому, что им просто некомфортно зарабатывать деньги рядом с гитаристами-самоучками, каковые[5] в основном терзают[6] струны в районе Старого Арбата, скрипачи, трубачи и виолончелисты[7] загоняют себя в этот многолюдный андеграунд[8].

17.30 по московскому времени. Длиннющая подземная кишка[9], соединяющая «Охотный ряд» с «Театральной». Толпа движется в одном направлении и в конце перехода натыкается на гитариста и скрипача. Первый «держит» ритм, второй играет темы. Пассажиры подают неохотно, в основном женщины и в основном мелочь. То ли репертуар не тот, то ли граждане в этот день и так изрядно потратились. Тем не менее руки подающих заметно оживляются и лезут за кошельками, когда звучат мелодии печальные. Чем жалостливее, тоскливее музыка, тем щедрее подаяние (народная щедрость в результате потянула примерно на 300 рублей за вечер).

В 17.55 к парочке подходит более интеллигентный коллега в очках, пестрой жилетке и кремовом берете[10]. Интересуется, во сколько закончат. «Минут через пять». Ставит кофр[11] со скрипкой у стенки и терпеливо ждет окончания, чтобы занять хлебное место.

18.05. Переход с «Театральной» на «Площадь Революции». К стенке притулился 14-летний пацан с лицом певца Витаса[12] и медной трубой на плече. «Это тенор»[13], — объяснил мне потом человек, похожий на Витаса. Он старательно выдувал на своем теноре мелодию известной песни «Призрачно все в этом мире бушующем...». буквально через миг к нему развязной походкой уже двигался страж[14] порядка. Не глядя в несчастное лицо подземного исполнителя, он бросил фразу, после которой юный музыкант быстро засобирался домой. Я догнал его уже у эскалатора. «Что, гоняют менты?» — старательно изображая сочувствие, спросил я. «Витас» еще больше испугался. «Да не трусь ты, я просто хотел спросить, какую музыку в основном играешь в переходе?». «Всякую», — было мне ответом. Единственное, что еще удалось узнать у этого несловоохотливого трубача, — это то, что играет он в военном оркестре и за этот вечер заработал всего-то 25 руб.

18.30. Переход, начинающийся в центре зала станции «Библиотека им. Ленина». Еще более юный скрипач — ученик седьмого класса музыкальной школы, Игорь, 13 лет. Одет в застиранную футболку «Адидас», спортивные штаны «Найк» и кроссовки неизвестной фирмы. Все, естественно, турецко-вьетнамского производства. На лицо вылитый Есенин в детстве[15] — непослушные кудри, открытый взгляд. Вопрос о репертуаре вначале тоже поставил его в тупик. «На какие пьесы народ лучше реагирует, когда больше подают?» — переформулировал я вопрос. «Когда играю медленные мелодии,» — чуть оживился «Есенин». — «Арии Перголези» Баха[16], например, или «Грезы» Шумана[17], за «Серенаду хорошо подают, только автора я не помню...» За десятку[18] Игорь готов был мне сыграть «Серенаду», но едва он собрался, как из-под земли выросла фигура милиционера.

В 19.00 я стоял в переходе между «Библиотекой им. Ленина» и «Александровским садом» и наслаждался игрой небольшой струнной группы из семи человек — четыре скрипки, две виолончели, контрабас[19]. Играли они очень хорошо — профессионально и самозабвенно. «Барочную классику в основном играем, — подсчитывая деньги и не глядя на меня, сообщила скрипачка Светлана. — А вы, собственно, почему интересуетесь?» — подозрительно взглянув на меня, спросила она. Узнав, что я журналист, женщина спрятала деньги, закурила сигаретку и произнесла: «Хотите, подскажу хорошую тему?» И скрипачка поведала о беде, которую обрушил на российских академических музыкантов родной Минкульт[20]. А именно: издал указ, где черным по белому написано[21]: отныне, чтобы выехать за границу на гастроли, музыканту нужно сдать свой инструмент на экспертизу и получить справку, что никакой художественной ценности он не представляет. В Музее Глинки, по ее словам, дерут за это по 500–600 руб., а длится процедура чуть ли не месяц.

«Ну а сколько вы в переходе зарабатываете за вечер?» — гнул я свою линию[22]. «Честно говоря, иногда зарабатываем больше, чем на гастролях Только вы об этом не пишите».

1.	Бах и барочная классика	巴赫和巴洛克经典音乐, 巴洛克经典音乐在18世纪末流行于西欧
2.	филармония	音乐(爱好者)协会
3.	обитать	存在, 有
4.	акустический	音响效果的
5.	каковой	[关系代词]这个, 这样的
6.	терзать	折磨
7.	виолончелист	大提琴手
8.	андеграунд	即 подполье
9.	кишка	〈解〉脑子, 此处指比较复杂的地下通道
10.	кремовый берет	淡黄色贝雷帽
11.	кофр	提箱
12.	с лицом певца Витаса	脸长得像歌手维塔斯
13.	тенор	次中音号(一种粗口径铜管乐器)
14.	страж	捍卫者
15.	на лицо вылитый Есенин в детстве	脸像少年叶赛宁
16.	«Ария Перголези» Баха	Перголези (佩戈莱西, 1710 — 1736)意大利作曲家, 那不勒斯歌剧乐派代表人物
17.	«Грезы» Шумана	舒曼的梦幻曲
18.	десятка	指 10 卢布
19.	контрабас	〈乐〉低音提琴
20.	Минкульт	Министерство культуры 文化部
21.	черным по белому написано	白纸黑字地写着
22.	гнуть свою линию	顽强地坚持自己的一套, 此处指穷追不舍地发问

Задания

1. Отметьте «Да» или «Нет».

1) Серьезные музыканты в основном обитают в подземелье метрополитена.

2) Пассажиры охотно подают, когда звучат мелодии веселые.

3) Игорь согласился автору сыграть «Серенаду» за сто рублей.

4) Узнав, что автор журналист, скрипачка Светлана спрятала деньги и тут же исчезла.

2. Запомните.

соната	奏鸣曲
вариация	变奏曲
романс	浪漫曲
рапсодия	狂想曲
фантазия	幻想曲
серенада	小夜曲
скрипач	小提琴手
альтист	中提琴手
виолончелист	大提琴手
гитарист	吉他手
флейтист	长笛手
кларнетист	单簧管吹奏者
гобоист	双簧管吹奏者
фаготист	巴松管吹奏者
трубач	小号手
тубаист	大号手
сопрано	女高音
альт	女中音
контральто	女低音
тенор	男高音
баритон	男中音
бас	男低音

Урок 13

Текст 1

Уличные картинки

Мы уже не раз писали о том, как испортила вид нашего города развешанная в катастрофических объемах наружная реклама. Мало того, появилась реклама личного характера (что в других цивилизованных столицах вообще недопустимо): «С днем рождения, Раечка!», «Саша и Наташа, пусть семья ваша крепнет, как дружба наша!». Полный идиотизм, от которого невозможно избавить улицы, как ни кричи!

Согласно закону, 10% рекламных площадей могут быть отданы под бесплатные социальные проекты. Вот именно здесь-то и попадаются настоящие шедевры! И часть из них вы можете сегодня увидеть на 1-й Тверской-Ямской ул. (д. № 2-4). И даже выбрать лучший, позвонив по тел. 291-47-74. Потому что город решил провести (наконец-то!) Фестиваль наружной социальной рекламы[1]. И знаете, художники с удовольствием включились в соревнование. Они тоже устали от потока рекламного гигантизма и безвкусицы[2]. По мнению Сергея Кужавского, одного из участников конкурса, низкий художественный уровень наружной рекламы удручает[3], интересные идеи попадаются редко, а конкурс позволит художникам оценить свои невостребованные[4] творческие возможности. Основные участники конкурса — молодые художники. С одной стороны, именно молодежь сегодня может увидеть те общечеловеческие проблемы, на которые люди старшего поколения уже не обращают внимания, они им приелись[5] и так; а с другой стороны, фестиваль — возможность проникнуть на уже занятый рекламный рынок новым именам[6].

Социальная реклама — это не марки пива или крема, это то, что волнует каждого из вас: чистота города, культура межчеловеческих отношений, здоровье, экология и т. д. Работы оценивают сразу три жюри. Профессиональное (художники, рекламщики, дизайнеры) из 200 работ выбрали 38. Далее общественное жюри отберет победителей в пяти номинациях[7]. Ну а приз москвичей достанется тому[8], чью работу выберут жители города. Итоги будут оглашены 3 сентября.

1. наружная социальная реклама	室外公益广告
2. безвкусица	不雅致，不美观
3. удручать	使心情沉重
4. невостребованный	未被提取的（指信件、货物等），此处为转义用法，指未被重用的
5. приесться	〈转〉(кому 或无补语) 厌烦，腻烦
6. с другой стороны, фестиваль — возможность проникнуть на уже занятый рекламный рынок новым именам	另一方面，广告节可以使一些新的名字（新人）有机会打入已经相当拥挤的广告市场
7. Далее общественное жюри отберет победителей в пяти номинациях	之后，社会人士组成的评委再（从 38 名中）选出 5 名
8. приз москвичей достанется тому	"莫斯科人"奖将归……所有

Задания

1. Запомните следующие словосочетания и выражения, переведите их на китайский язык.

1) фестиваль наружной социальной рекламы
2) включиться в соревнование
3) устать от потока рекламного гигантизма и безвкусицы
4) интересные идеи попадаются редко
5) итоги оглашены

2. Отметьте «Да» или «Нет».

1) Согласно закону, 10% рекламных площадей могут быть отданы под бесплатные социальные проекты.
2) Город решил провести Фестиваль наружной социальной рекламы.
3) Художникам неохотно было включиться в соревнование.
4) Социальная реклама — это чистота города, культура межчеловеческих отношений, здоровье, экология и т. д.
5) Работы оценивает единственное профессионарное жюри.

Текст 2

Выставка дореволюционной русской рекламы

Рекламное дело в дореволюционной России процветало. На старых фотографиях русских городов хорошо видно, что фасады домов сплошь покрыты вывесками, аршинными буквами[1] сообщавшими о фамилиях торговцев и качествах поставляемого товара. Кроме того, реклама расклеивалась на специальных уличных тумбах[2], в вагонах поездов и публиковалась в газетах и журналах. Торговый рекламный плакат был настолько популярен, что уже в конце семидесятых годов 19 века в стране была открыта первая фирма по сбору рекламных объявлений.

Русский дореволюционный рекламный плакат, по мнению специалистов, ничем не уступал европейскому, а по части живописности даже превосходил его. Поскольку население страны поголовно[3] грамотным не было, то вся надежда возлагалась не на тексты, а на доходчивость картинок. Поэтому первая русская реклама походила не на артистичную французскую афишу, а на красочный[4] лубок[5], родной и понятный широким народным массам.

Выставка дореволюционного рекламного плаката из частных коллекций открылась в Центральном доме художника. Ее организовала «Новая галерея» в рамках Шестого антикварного салона. Галерея имеет солидную коллекцию тиражной графики, охотно ее выставляет и возит по миру. Несколько лет назад выставку старой русской рекламы провел Исторический музей, а вот Российская государственная библиотека, имеющая уникальнейшую коллекцию плаката, показать свои сокровища все никак не соберется. Жаль, ибо такие выставки чрезвычайно забавны и полезны.

Конечно, четыре десятка плакатов нынешней экспозиции не дают полного представления о характере раннего периода отечественной рекламы, но позволяют собрать наблюдения, помогающие отказаться от расхожего представления, что ничего меркантильного[6] на родной почве вырасти не может. Во-первых, оказывается, отечественная коммерческая реклама и на заре своего существования[7] не чуралась[8] латиницы[9] — на самом эффектном плакате, пропагандирующем галоши[10] изображен витязь[11] в кольчуге[12] под надписью «Bo-gatir». К изумлению зрителей, те же богатырские галоши примеряет на другой рекламе изящная девица.

Во-вторых, старая реклама была значительно безнравственней теперешней — папиросы на ней курят и продают почти все слои населения: и крестьянские дети, и благообразные старики, и розовощекие отроки, и пухлогубые дамочки. В прошлом, как и сейчас реклама была особенно пристрастна к стирке и обожала преувеличения: «Я употребляю только жидкую синьку[13] ИДЕАЛ», — решительно уверяет опрятная дама на пронзительно-синем плакате, изданном сто лет назад в Одессе. Так же как и сегодняшняя, коммерческая реклама дореволюционной России любила обстоятельные житейские истории. На плакате чаеторговцев изображался процесс мирного распивания чая крепкой купеческой семьей в интерьере собственного хорошо обставленного дома. При виде этой идиллии[14] всем становится понятно, какой мирный и богоугодный процесс чаепитие. Русская реклама чая, кофе и пряностей вовсю эксплуатировала мечты наших бабушек и дедушек о сладостной неге[15], о далеких восточных странах и выдавала целые сцены из жизни китайцев и восточных принцесс.

Кроме забавного лубка, популярен был и изящный прозападнический[16] рекламный плакат. Для него характерны изысканный шрифт и тонкий рисунок в стиле свежемодного в конце 19 века модерна. Традиции русской рекламной школы были поддержаны и развиты советской рекламой 20-х годов. Выходит, все, что мы имеем сегодня на отечественном рекламном рынке, — только развитие прерванной традиции.

1. аршинными буквами	写斗大的字
2. тумба	广告柱
3. поголовно	普遍地
4. красочный	五彩的,富有表现力的
5. лубок	民间版画
6. меркантильный	重商主义的
7. на заре своего существования	在存在的初期
8. чураться	躲避
9. латиница	拉丁字母
10. галоши	胶皮套鞋

11. витязь	(古罗斯的)勇士
12. кольчуга	(古代军人穿的)铠甲
13. синька	蓝靛粉
14. идиллия	安闲的田园生活
15. нега	怡然自得
16. прозападнический	(俄国19世纪30 — 50年代)亲西欧派的

Задания

1. Закончите предложения, пользуясь материалом текста.

1) Рекламное дело в дореволюционной России...

2) Кроме того, реклама расклеивалась на специальных уличных тумбах, в вагонах поездов и...

3) Русский дореволюционный рекламный плакат ничем не уступал европейскому, а...

4) Поэтому первая русская реклама походила не на артистичную французскую афишу, а...

2. Запомните.

реклама	广告
торговая реклама	商业广告
световая реклама	灯光广告
отдел реклам в журнале	杂志上的广告栏
рекламизация	广告化
рекламизация телевидения	电视广告化
рекламизация прессы	报纸广告化
рекламировать	登广告
рекламировать машину	为汽车做广告
рекламировать книгу	为书做广告
рекламист	制作广告者
рекламодатель	登广告者
рекламный	广告的

Урок 14

Текст 1

Поклонная гора[1] в Москве

Поклонная гора! Одно из самых святых мест Москвы, да и всей русской земли!..

Отсюда православный люд[2] творил поклоны её святыням.

Здесь принимал трудное решение о судьбе Москвы во время нашествия Наполеона[3] фельдмаршал[4] Михаил Илларионович Кутузов[5]... Ныне у подножия Поклонной горы мы видим символ победы русского оружия в Отечественной войне 1812 года — Триумфальную арку[6].

Во время Великой Отечественной войны 1941–1945гг. здесь, на последних рубежах столицы, готовились добровольцы встретить грудью врага. Поэтому всенародное одобрение получила идея создания на Поклонной горе, в ознаменование Победы над нацистской Германией, мемориального комплекса и Центрального музея Великой Отечественной войны 1941–1945 гг. (авторы проекта архитекторы Н. Томский и А. Полянский, художник З. Церетели).

Глубоко символично сооружение на Поклонной горе православного храма Георгия Победоносца, а также мемориальных мечети[7] и синагоги[8].

Почти из всех уголков Москвы виден граненый[9] обелиск, вознесшийся к небу в центре ансамбля на Поклонной горе. В верхней его части над столицей парит[10] богиня победы Ника[11], а у подножия — всадник с копьем Георгий Победоносец, поражающий дракона... Высота памятника — 141,8 метра — олицетворяет 1418 дней и ночей жестокой битвы за свободу и независимость нашей Родины — Великой Отечественной войны 1941–1945 гг. Словно связь времен и поколений, связь традиций самопожертвования и героизма русского воинства — Дорога Победы, аллея фонтанов, идущая от Триумфальной арки к главному сооружению мемориального комплекса — Центральному музею Великой Отечественной войны.

В Парке Победы органично размещено немало различных памятников.

Среди них — скульптурные композиции «Трагедия народов» (автор З. Церетели), «Защитникам Земли Российской» (скульптор А. Бичугов), «Без вести пропавший» (скульптор В. Зноба) и др.

Священный ансамбль победы был торжественно открыт 9 мая 1995 года, в день 50-й годовщины Победы в Великой Отечественной войне. За время, прошедшее с тех памятных дней, Центральный музей Великой Отечественной войны 1941–1945 гг. посетило более десяти миллионов человек. Представители всех российских народов и всех континентов прежде всего идут в Зал Памяти и Скорби, где возлагают цветы к беломраморной скульптуре Родины-Матери, оплакивающей погибшего сына. Зал Славы расположен на втором этаже музея, с высоты купола его осеняет[12] изображение ордена Победы. На мраморных пилонах[13] золотом прописаны фамилии почти двенадцати тысяч Героев Советского Союза, участников Великой Отечественной войны. Сердцевину[14] музейного комплекса составляет военно-историческая экспозиция, размещенная в Гвардейских залах.

Особой популярностью пользуется экспозиция тяжелой боевой техники, расположенная под открытым небом, неподалеку от здания музея. Экзотично воспринимается часть выставки, где представлены военно-морские средства защиты страны.

Парк Победы на Поклонной горе — любимое место москвичей и гостей столицы.

1.	Поклонная гора	俯首山
2.	люд	（属于某一社会阶层、职业等的）人们
3.	Наполеон	拿破仑
4.	фельдмаршал	（俄国十月革命前的）元帅
5.	М. И. Кутузов	库图佐夫
6.	Триумфальная арка	凯旋门
7.	мечеть	清真寺
8.	синагога	犹太教堂
9.	граненый	带棱的
10.	парить	翱翔
11.	богиня Победы Ника	胜利女神尼刻
12.	осенять	覆盖
13.	пилон	大门两边的墙柱
14.	сердцевина	核心

Задания

1. Ответьте на вопросы.

1) Почему решили создать мемориальный комплекс и Центральный музей Великой Отечественной войны 1941–1945 гг. на Поклонной горе?
2) Что парит в верхней части граненого обелиска?
3) Что олицетворяет высота памятника?
4) Какие скульптурные композиции размещены в Парке Победы?
5) Когда был открыт Священный ансамбль Победы?

2. Запомните.

номера частей	番号
структура (армии)	编制
армия	军(集团军)
дивизия	师
бригада	旅
полк	团
батальон	营
рота	连
взвод	排
отделение	班
война	战争
бой; военные действия	战斗
битва	大会战
операция	战役
освободительная война	解放战争
отечественная война	卫国战争
гражданская война	国内战争
антифашистская война	反法西斯战争
антиагрессивная война	反侵略战争
ядерная война	核战争
атомная война	原子战争
бактериологическая война	细菌战争
химическая война	化学战争

Текст 2

Память о павших помогает понять будущее

Вечный огонь и пост курсантов или школьников около него были одним из сильнейших символов советской эпохи.

В Новгороде Вечный огонь расположен на территории древнего кремля. Он был зажжен на 30-летие Победы 9 мая 1975 года. Факел[1] доставили с одного из мемориалов Ленинграда. Вечный огонь горел постоянно, его не отключали даже в годы перестройки. Пост № 1, на котором стояли пионеры у Вечного огня, прекратил свое действие в 1991 году. Ежегодно из Вечного огня достают монеты, которые туда бросают посетители кремля. Набирают 6-7 ведер, потом взвешивают, очищают монеты, и деньги передают местному совету ветеранов войны и труда — набирается по несколько тысяч рублей.

Для жителей Калининграда самое священное место — мемориал на месте захоронения 1200 воинов 11-й гвардейской армии, павших при штурме города-крепости Кенигсберга[2] с 6 по 9 апреля 1945 года. Этот мемориал, вероятно, самый первый такого рода на территории России, был открыт 30 сентября 1945 года. В день 15-й годовщины Победы перед центральным обелиском мемориала был зажжен вечный огонь. С тех пор существует в городе традиция — каждый год 9 апреля, когда был повержен[3] Кенигсберг, и 9 мая, когда капитулировала[4] фашистская Германия, сюда приходят ветераны войны и жители города, чтобы возложить к Вечному огню живые цветы.

Марсово поле — одно из достопримечательных мест Санкт-Петербурга. 23 марта 1917 года здесь состоялось погребение павших в дни февральской революции[5]. Спустя год на Марсовом поле был заложен памятник борцам революции. Он представляет собой ступенчатое гранитное ограждение[6] братской могилы[7], монументальные, строгие геометрические[8] блоки. Некогда пыльный плац[9] превратился в замечательный партерный[10] сад, связавший зеленые массивы[11] Михайловского, Летнего садов со зданиями классической архитектуры, окружающими площадь. 6 ноября 1957 г. на Марсовом поле был зажжен Вечный огонь и с тех пор ни разу не затухал.

В Самаре[12] вечный огонь горит на площади Славы у монумента «Скорбящая Мать». Он был зажжен 5 ноября 1971 года — в год 30-летия начала Великой Отечественной войны в память о 225 тыс. уроженцах Куйбышева и Куйбышевской области, павших на полях сражений. За прошедшие три десятилетия он ни разу не был погашен. Единственное — почти уже десять лет здесь не выставляются пионерско-комсомольские караулы. Вечный огонь в Самаре горит в центре мемориального комплекса напротив здания областной администрации в окружении пилонов, на которых высечены имена Героев Советского Союза и полных кавалеров орденов Славы.

В Ярославле мемориальный комплекс «Вечный огонь» открыли в историческом центре города, в парке, в 1968 году. Он представляет собой 2 плиты из камня с изображениями солдата и тружеников тыла. Перед ними на небольшом возвышении горит Вечный огонь. Накануне дня города Ярославля мэрия при поддержке спонсоров[13] провела фактически капитальный ремонт «Вечного огня», заменив старую плитку новой тротуарной и заложив под нее солидное основание. У этого памятника до 1990 года стоял пост, который впоследствии сняли. Но, как заявили в управлении культуры мэрии, это было сделано отнюдь не по политическим соображениям. В прошлом году Госдума Ярославской области приняла политическое решение о восстановлении поста у Вечного огня, однако до сих пор оно так и остается на бумаге.

Мемориал в Ростове называется «Змеевская балка». Он был заложен на месте массового расстрела людей во время войны. Вечный огонь здесь зажгли 6 лет назад, но целый год мемориал не работал из-за отсутствия денег. Мемориал — филиал Ростовского краеведческого музея[14], у которого не было денег. И сейчас ставится вопрос о переводе этого мемориала в ранг федерального значения. В Ростов приезжали представители еврейской общины[15], поставившие вопрос о проведении эксгумации[16] с целью выяснения точного количества погибших. Община готова выделить на проведение этих работ 200 тыс. долл.

В Воронеже несколько мемориалов с Вечным огнем. Есть Вечный огонь на площади Победы, он зажжен в 1975 году. В том же году был зажжен огонь на мемориале на Чижовском плацдарме[17]. На Московском проспекте у мемориального комплекса «Памятник Славы» огонь зажжен в 1967 году. Есть Вечный огонь и на братской могиле № 6 на Ленинском проспекте, он горит не постоянно, зажигается только перед возложением венков.

Новосибирский монумент Славы сооружен в честь подвига сибиряков в годы Великой Отечественной войны. На пилонах ансамбля высечены фамилии 30055 погибших. Вечный огонь на монументе Славы был зажжен в день открытия мемориала 6 ноября 1967 года. С тех пор огонь ни разу не затухал. С 1970 года у Вечного огня был организован пионерско-комсомольский пост № 1. Выставлялся караул из четырех учащихся, одетых в специальную форму. Караулы направляли из лучших школ города. В начале 90-х эта традиция была прервана. Ее возродили в 1995 году по инициативе администрации района. С тех пор караулы у Вечного огня выставляются в дни так называемого исторического военного календаря и в день города. В караулах участвуют члены военно-патриотических клубов, которых в Новосибирске более 20. Кстати, 9 июня нынешнего года мэр подписал постановление о возрождении традиции по постоянному караулу у Вечного огня.

Вечный огонь в волгоградском пантеоне[18] воинской Славы, расположенном на Мамаевом кургане[19], главной высоте России, был зажжен 4 октября 1967 года во время открытия монументального памятника на Мамаевом кургане. Огонь, который теперь горит здесь, был зажжен от Вечного огня, расположенного на главной площади Волгограда, Площади павших борцов.

В прошлом году, буквально за три недели до 9 мая, огонь на Мамаевом кургане в Пантеоне Славы погас на несколько дней. Случилось это из-за того, что не хватило в свое время средств на проведение необходимых работ по ремонту газовых коммуникаций. Несколько дней Вечного огня в Пантеоне Славы не было, затем накануне Дня Победы случились авральные работы[20], деньги были найдены, и Вечный огонь вновь загорелся. Сейчас памятник на Мамаевом кургане переводится из муниципальной собственности в федеральную.

1.	факел	火焰, 火苗
2.	Кенигсберг	柯尼斯堡(加里宁格勒的旧称)
3.	повергнуть	摧毁
4.	капитулировать	投降
5.	февральская революция	二月革命，1917年俄历2月23—27日(公历3月8—12日)推翻沙皇制度的俄国第二次资产阶级民主革命
6.	гранитное огражнение	花岗岩围墙
7.	братская могила	阵亡烈士墓
8.	геометрические	几何图形的
9.	плац	操场
10.	партерный [тэ]	花圃的
11.	массив	地带
12.	Самара	萨马拉(古比雪夫的旧称)
13.	спонсор	赞助商
14.	краеведческий музей	地方志博物馆
15.	община	协会, 团体
16.	эксгумация	掘尸检验
17.	плацдарм	军事行动基地；屯兵场
18.	пантеон	名人墓
19.	Мамаев курган	马马耶夫岗，位于俄罗斯伏尔加格勒市中心；斯大林格勒会战期间曾在该地进行英勇战斗。岗上修建了斯大林格勒战役烈士纪念碑
20.	авральные работы	全体动员的紧急工作

Задания

Закончите предложения, пользуясь материалом текста.

1) В Новгороде Вчный огонь расположен...

2) В день 15-й годовщины Победы перед центральным обелиском мемориал был...

3) В Самаре вечный огонь горит на площади славы у ...

4) В Ярославле мемориальный комплекс «Вечный огонь» открыли...

5) Новосибирский монумент славы сооружён ...
6) Вечный огонь в волгоградском пантеоне воинской Славы, расположенном на Мамаевом кургане, главной высоте России, ...

Урок 15

Текст 1

Картина

В то лето у нас в деревне отдыхала со своей маленькой дочкой одна молодая художница. Она обратила на себя наше внимание своим необычным именем. Искра — так звали эту художницу. Новый человек в деревне всегда вызывает интерес. И мы, поначалу бурно обсудив эту новость, потом к ней уже не возвращались — художница ничем особенным не выделялась среди других отдыхающих.

Но как-то, ближе к вечеру, ко мне прибежала моя двоюродная сестра и торопливо сообщила:

— Там, у пруда, Искра Райку Ряхину рисует!

— Как рисует? — недоверчиво спросила я.

— Ну, как. Побежали, увидишь.

И мы поспешили к пруду, потому что такого мы не видели никогда.

В то время у нас по деревне и фотограф-то редко ходил, только по большим праздникам. Тогда эта новость моментально разносилась. Мы спешили домой, выпрашивали, а порой со слезами вымаливали у родителей деньги на фотографии, наряжались[1] и ждали, когда фотограф подойдет к нашему дому и сфотографирует на память.

Пруд находился посреди деревни, как раз напротив дома, где жила Райка. Его так и называли — Ряхин пруд. Он был очень старый, весь заросший тиной, осокой, камышом[2], и вода в нем была темно-зеленой. Здесь было настоящее лягушачье царство. Они устраивали такие концерты по вечерам, что заглушали все другие деревенские звуки. Вдоль берега, который был обращен к дому, росли, слегка склоняясь к воде, раскидистые[3] ветлы.

На берегу пруда мы увидели интересную картину: Искра рисовала Райку, а толпа ребятишек с интересом и завистью наблюдала за происходящим.

Райка стояла, прислонившись к ветле и спрятав руки за спину. А так как ветла чуть наклонялась над водой, то и голова Райки тоже была немного откинута назад. Выражение ее лица было какое-то неестественное, пугливонедоумевающее, как будто она куда-то очень спешила, а ее вдруг неожиданно остановили и заставили позировать[4]. Она не понимала, зачем она здесь и почему ее рисуют.

Нам тоже было непонятно, почему именно Райку рисует Искра. Ничем непримечательная, бедно одетая, до прозрачности худая, вся в веснушках[5], рыжеволосая девчонка. Нам она казалась совсем неинтересной и некрасивой. Райка была младшей в семье. Рано оставшись без матери, она жила с отцом-инвалидом, сестрой и братом. Была она какая-то неухоженная, редко улыбалась и походила на затравленного зверька[6], которого только тронь — вмиг укусит.

Поэтому сейчас мы завидовали Райке. Ведь каждая из нас считала себя лучше, наряднее и красивее ее.

«Видно, на пруду никого, кроме Райки, не было, вот и стала Искра рисовать ее», — думали мы.

— А нас вы нарисуете? — спросила я художницу.

— Может, и нарисую, но не сегодня, — ответила она.

Искра закончила свою работу и сказала, обращаясь к Райке:

— Ну вот, пока все, ты свободна. Не устала стоять?

Райка в ответ мотнула головой[7] и убежала домой.

Мы были разочарованы, что все так быстро закончилось, но надеялись, что завтра или послезавтра Искра кого-нибудь из нас непременно нарисует. Но прошел день, другой... И напрасно мы крутились возле пруда — Искра никого больше не рисовала, и мы постепенно забыли об этом эпизоде.

Прошло года два. Райка, закончив шесть классов, больше в школу не ходила, помогала дома по хозяйству. А потом как-то неожиданно вышла замуж и уехала жить к мужу в другое место и домой приезжала редко. Правда, дошли слухи, что у нее родилась двойня — мальчик и девочка.

Спустя лет двадцать, мне пришлось встретиться с ней все на том же Ряхином пруду, куда я пришла со своими девочками. Но теперь это был уже другой пруд. Его вычистили, расширили, построили мостки. Вода в пруду стала чистой, и народ со всей округи ходил сюда купаться. Ветлы уже не росли на берегу. Их спилили, когда расширяли пруд. А на их месте загорала детвора.

Коротко остриженная, кудрявая рыжеволосая женщина спустилась с берега и зачерпнула ведро воды.

— Рая, это ты? — окликнула я ее.

Женщина повернула голову в мою сторону и заулыбалась. Да, это была она. Мы расцеловались. Рая все такая же, в веснушках, но в то же время совсем другая — взгляд приветливый, веселый, и совсем не худая, а цветущая, молодая женщина. Поговорив немного о жизни, детях, мы распрощались. Она пошла мыть пол, а мы — обедать.

Эта встреча долго не выходила у меня из головы, и воспоминание о ней доставляло мне теплую радость. Я думала, что в этом случае судьба исправила свою ошибку: в детстве лишив Раю материнской заботы, позднее она наградила ее женским счастьем.

Вот, казалось бы, и все. Мимолетная встреча. Однако у нее есть продолжение.

Прошло еще лет пятнадцать. Случайно я встретилась со своей давней подругой. Мы давно не виделись и были нашей встрече очень рады. Я пошла ее провожать и зашла вместе с ней в дом ее матери. Разглядывая комнату, вещи, я обратила внимание на старую этажерку с книгами. Такие этажерки раньше были у многих. И вдруг я увидела среди книг небольшую картину, написанную маслом. Она как магнит притянула меня.

На картине — деревенский пейзаж. Небольшой пруд, с темно-зеленой водой, заросший камышом и осокой, раскидистые ветлы на берегу. К одной из них прислонилась хрупкая, почти прозрачная, девочка, в светлом, с неясным рисунком, платье под поясок. Прямые непослушные рыжие волосы сзади спускались до плеч, а спереди были заплетены в тонкую косичку и заколоты на макушке. И поражал взгляд этой девочки, очень искренний, выразительный. Он был пугливым, настороженным и как бы говорил: «Ну зачем я здесь»? За прудом видна дорога. Кажется, что вот сейчас, слева, появится деревенское стадо и девочка оторвется от ветлы и побежит встречать свою корову.

Я не могла оторваться от картины. Волна какой-то нежности, жалости и еще чего-то трепетного нахлынула на меня. Мне хотелось плакать. Я вернулась в тот теплый летний день своего детства. Мне казалось, что и я, и мои подруги тоже есть на этой картине, только нас не видно, но я точно знаю, что мы здесь. Я даже ощутила запах, которым был наполнен воздух. Это всплыло как сон, как будто время, сделав несколько оборотов назад, вернуло давно забытую реальность.

Я смотрела на эту девочку, как смотрела и тогда, но теперь мне стало понятно, почему Искра для своей картины выбрала именно ее.

Ярким контрастом спокойному, умиротворенному деревенскому пейзажу была эта девочка. Во всем ее облике: и в тоненькой фигурке в застиранном платьице, и в испуганно-колючем взгляде — была видна обнаженная, израненная детская душа. Вот она — простота и тайна. Этой девочке не хватало любви. И я поняла это.

Я смотрела на картину и с каким-то отчаянием любила и этот день, и этот пруд, и эти ветлы, и эту дорогу. Я любила эту девочку. Мне хотелось защитить ее, заплести косичку, услышать ее голос, пусть бы она мне рассказала о своей нелегкой жизни, ведь я так мало о ней знаю...

Я часто думаю, каким же необыкновенным даром обладает художник, и благодарна судьбе, что она подарила мне свидание с той картиной.

1. наряжаться	(把自己)打扮漂亮
2. тина; осока; камыш	分别是水藻;苔草;芦苇
3. раскидистый	枝权延伸得很远的
4. позировать	(照相或画像时)摆姿势
5. вся в веснушках	满脸雀斑
6. походила на затравленного зверька	像困兽一般
7. мотнуть головой	晃了一下头

Задания

1. Отметьте ⟨Да⟩ или ⟨Нет⟩.

1) В то лето у нас в деревне отдыхала со своей маленькой дочкой одна молодая художница. У нее необычное имя — Искра.

2) Искра решила нарисовать Райку Ряхину, потому что она очень красивая, богато одетая.

3) Искра рисует Райку, а толпа ребятишек с интересом и завистью наблюдает за происходящим.

4) Ребята надеялись, что завтра или послезавтра Искра кого-нибудь из них непременно нарисует.

2. Составьте предложения со следующими словосочетаниями.

1) вызывать интерес
2) устраивать концерт
3) мотнуть головой
4) помогать дома по хозяйству
5) обратить внимание на что

3. Передайте главное содержание текста от лица Райки Ряхиной.

Урок 16

Текст 1

Кино начинается с Музея

Единственное место в Москве, где можно посмотреть современное кино, а также фильмы прошлых лет мирового уровня и всего за 20–30 руб., — это Музей кино. Поэтому основные посетители его залов — молодежь. Они собираются здесь еще и потому, что после сеанса есть возможность пообщаться с единомышленниками, обсудить то, что посмотрел. Небольшие залы, перевод вживую[1] или вообще одни субтитры[2], никаких громких разговоров по мобильнику во время сеанса, да и фильмы необычные — в других кинотеатрах такие не увидишь.

Если лет 10 назад в Музей кино заглядывали только студенты (особенно ВГИКа[3] и других профильных институтов), то сегодня, говоря современным языком, это «очень модное место». Москвичи среднего поколения, которых еще недавно было не оторвать от телевизора, тоже стали посещать музей, может быть, вслед за своими отпрысками. Пожилые граждане приходят редко, преимущественно на старые фильмы. Появились и солидные дяди со спутницами в меховых манто[4]. Изменения в составе публики объясняются, скорее всего, исчезновением у людей снобизма по отношению к старому кино.

Но Музей кино — это не только старые ленты. По словам директора Наума Клеймана, музей конкурирует сам с собой, потому что одновременно работают 4 зала. Фильмы демонстрируются в рамках определенного цикла, и зрители могут в течение целого года знакомиться с несколькими направлениями отечественного и зарубежного кино. Постоянно работает несколько клубов, где увиденная лента бурно обсуждается. Вообще уже стало хорошей традицией оставаться после сеанса на обсуждение. Недавно прошла Неделя итальянского кино, и москвичи с удовольствием не только смотрели современные итальянские фильмы, но и беседовали с создателями лент и актерами.

Директор музея считает, что сейчас качественное, некоммерческое кино пользуется большим успехом: «Но показ фильмов — это лишь часть нашей работы. Мы же не зря называемся музеем. Хотя точнее было бы называть нас спасателями. Многие студии закрываются, реорганизуются, а мы стараемся успеть, пока они не выкинули бесценные рукописи или сценарии. Ведь долгие годы сохранением фондов никто не занимался, а это история кино. Афиши, пленки, все, что имеет хоть какое-нибудь отношение к кинематографу, мы реставрируем и храним».

За 10 лет музей собрал почти 1 млн. единиц хранения. На этом материале учатся студенты (конечно, бесплатно), пишутся книги и исследования. Безусловно, музею еще далеко до аналогичных учреждений за рубежом[5]. Например, в Германии Музей кино оснащен по последнему слову[6] техники, а у нас нет даже вентиляции, чтобы нормально хранить экспонаты. Может быть, когда музей наконец станет государственным, что-нибудь изменится.

1. вживую	现场翻译
2. субтитры	字幕
3. ВГИК	Всероссийский государственный институт кинематографии 国立全俄电影学院
4. манто	女大衣
5. музею еще далеко до аналогичных учреждений за рубежом	博物馆比起国外同类机构还差得很远
6. последнее слово чего	最新成就，最高水平

Задания

1. Отметьте «Да» или «Нет».

1) Единственное место в Москве, где можно посмотреть современное кино, а также фильмы прошлых лет мирового уровня и всего за 20–30 руб., — это киноцентр.

2) Основные посетители залов Музея кино — молодежь.

3) Они собираются здесь еще и потому, что после сеанса есть возможность заниматься английским языком.

4) Музей конкурирует сам с собой, потому что одновременно работают 4 зала.

5) Директор музея считает, что сейчас коммерческое кино пользуется большим успехом.

6) Музей кино Рассии оснащен по последнему слову техники.

2. Переведите предложения на русский язык.

1) 老年莫斯科人很少到电影博物馆来,他们主要是来看老电影。
2) 有几个俱乐部常年有活动,在那里人们可以就所看的电影激烈地进行讨论。
3) 看完电影后留下来讨论,这已经成为一种好的传统。
4) 十年间博物馆已收集了近一百万藏品。

Текст 2

Для студентов — массовка¹

На сегодняшний день в столице работают больше 5 основных бригадиров, набирающих еженедельно на подработку студентов для съемки в массовках. Как правило, эти бригадиры тесно связаны с киностудиями, телевизионными рекламными агентствами и крупнейшими PR² — службами Москвы. Наш корреспондент на собственном опыте убедился, насколько эта подработка тяжела, снявшись в маленьких эпизодах в 9 художественных фильмах, 3 сериалах, 3 клипах и одном телевизионном рекламно-социальном ролике.

Где достать бригадира?

Обычно телефон студенту достается от своего же брата-студента. Ни в одной рекламной газете вы не найдете объявления, по которому будут приглашать сниматься в кино. Более всего имеют шанс оказаться на съемочной площадке студенты театральных вузов, таких как РАТИ³,

Щукинского и Щепкинского училищ, мхатовцы и вгиковцы[4]. Однако это вовсе не означает, что путь в большой кинематограф закрыт для физиков и математиков. Последние «вырубают» телефоны через знакомых. Но можно просто прийти на «Мосфильм», заплатить 35 руб., сфотографироваться, и вас официально зарегистрируют в картотеке[5] для «лиц, желающих сняться в массовке». Но там (в картотеке) можно просидеть до второго пришествия[6] и не дождаться приглашения на съемку. Главное — проникнуть на киностудию, заглядывать во всевозможные кабинеты, вступать в контакт с людьми и приставать[7] с вопросами к всевозможным режиссерам.

Сколько платят?

Как правило, на съемочной площадке не существует четких тарифов. Суммы гонораров разнятся лишь в зависимости от того, ночная это съемка или дневная. Или в зависимости от совести режиссеров. Днем за 8-часовой рабочий день вам заплатят 150 руб. Если же съемки заканчиваются ночью, то на такси вам доплатят ровно 50 руб. Неоднократно бывало так, что, как только истекли положенные 8 часов, а режиссерам еще надо отснять пару планов, самые ушлые массовщики начинают скандировать на всю съемочную площадку: «Доплату, доплату!». Бывает, что на съемочной площадке вас смогут запросто обмануть. Например, в ведомостях[8] левая сторона (там, где проставлена сумма гонорара) может быть старательно закрыта бумажкой, а расписаться за получение денег необходимо в правой стороне. Кто знает, какова сумма за оплату массовки в смете[9]? А может быть и наоборот: в ведомостях стоит сумма в 60 руб., а на руки вам выдают 150. Тогда киношники объясняют, что таким образом можно заплатить меньше налогов...

Плюсы и минусы

Если вам интересно посмотреть, как и что кушают в перерывах между съемками Людмила Гурченко, Лия Ахеджакова, Эльдар Рязанов, как отдыхает, возлежа на кресле, Александр Абдулов[10] и куда ходят в туалет звезды первой величины на открытой съемочной площадке (например, в поле), то эта работа для вас. Нередко удается даже сфотографироваться в обнимку со звездой.

Когда перестаешь глазеть на звезд[11], кинопроцесс начинает порядком[12] раздражать. Иногда просто хочется схватить у бригадира паспорт и сбежать домой. Особенно такие чувства обостряются во время съемок на улице. Зимой. А уж если помреж[13] избрал для центральной массовки (да-да, в массовке тоже есть центральные и второстепенные персонажи) именно вас, тогда дело вообще труба[14]. Придется стоять, как идиот, и продавать цветы (гулять с собакой, толкать в плечо мимо идущего главного героя, танцевать на дискотеке!). Принимая во внимание тот факт, что в среднем на один план тратится 7–10 дублей[15], можно сойти с ума.

В обеденный перерыв съемочная группа и актеры либо разъезжаются по домам и кафешкам[16], либо их кормят в специальном фургоне[17]. Пища, надо сказать, очень вкусная, часто заказывают ее в лучших ресторанах столицы. Но даже не ждите, чтобы накормили массовку. Студенты покупают в ближайших магазинах булочки или устраивают организму разгрузочный день[18]

1. массовка	(戏剧、电影中的)群众场面
2. PR	public relations 公共关系
3. РАТИ	Российская академия театрального искусства 俄罗斯戏剧艺术学院
4. мхатовцы; вгиковцы	мхатовцы 源于 МХАТ, Московский художественный академический театр 莫斯科模范艺术剧院；вгиковцы 源于 ВГИК, Всероссийский государственный институт кинематографии 国立全俄电影学院
5. картотека	卡片索引
6. второе пришествие	基督二次降世(喻永远不会有的事)
7. приставать	纠缠不休
8. ведомость	明细表
9. смета	预算

10. Людмила Гурченко; Лия Ахеджакова; Эльдар Рязанов; Александр АБдулов	Людмила Гурченко(1935 —)苏联、俄罗斯著名演员。主演《狂欢之夜》、《两个人的车站》等。Лия Ахеджакова (1938 —),苏联、俄罗斯著名演员。扮演《命运的捉弄》、《办公室的故事》等影片的角色。如《办公室的故事》中的女秘书薇拉。Эльдар Рязанов(1927 —),苏联、俄罗斯著名导演。拍摄电影《狂欢之夜》(1956年)、《意大利人在俄罗斯的奇遇》(1973年)、《命运的捉弄》(1975年)、《办公室的故事》(1977年)、《两个人的车站》(1982年)、《没有陪嫁的新娘》(1984年)等。Александр Абдулов (1953 —)苏联、俄罗斯著名演员。主演《寻常的神奇之事》、《会面地点不能改变》等。
11. глазеть на кого-что	好奇地看
12. порядком	很,相当
13. помреж	помощник режиссера 导演助理,副导演
14. труба	完蛋,糟了
15. дубль	重复镜头
16. кафешка	小咖啡馆
17. фургон	带蓬马车
18. разгрузочный день	(为减肥而规定的)减少饮食日

Задания

1. Переведите предложения на китайский язык.

1) Ни в одной рекламной газете вы не найдете объявления, по которому будет приглашать сниматься в кино.
2) Более всего имеют шанс оказаться на съемочной площадке студенты театральных вузов.
3) Если же съемки заканчиваются ночью, то на такси вам доплатят ровно 50 руб.
4) Нередко удается даже сфотографироваться в обнимку со звездой.

2. Запомните.

кинематография	电影业
киностудия	电影制片厂
кинокомпания	电影制片公司

компания кинопроката	电影发行公司
съемочная группа	摄制组
постановщик или режиссер-постановщик	总导演
режиссер	导演
оператор	摄影师
монтажер	剪辑师
директор картины	制片主任
павильонная съемка или киносъемка в павильоне	内景摄制
натуральная съемка или киносъемка на натуре	外景摄制

Текст 3

Как это делается: «Времечко»[1]

Рабочий день творческой команды «Времечко» начинается, когда большинство граждан уже спешат домой к отпрыскам[2] и телевизору. Корреспонденты неистово[3] доклеивают[4] сюжеты, ведущие пишут подводки[5], техперсонал[6] устанавливает камеры.

Работа бурлит[7] в трех комнатах. Первая — комната технического контроля. Там следят за тем, чтобы работа шла без сбоев[8]. Вторая — аппаратная, мозг программы, там режиссерский пульт. И третья — непосредственно студия[9], откуда идет эфир. В центре студии — дугообразный[10] стол. За ним в метре друг от друга сидят ведущие: Игорь Васильков — слева, Валерий Хилтунен — справа и Наташа Козаченко — в центре. Напротив каждого ведущего — камера. Сбоку компьютер, в который редактор выпуска забивает текст бегущей строки[11]. В основном благодарности и номера телефонов.

Главное ощущение от студии «Времечко» — много экранов. Они стоят на полу, чтобы было видно всем: ведущим, операторам, ассистентам и помощникам, главному редактору, забредшим журналистам и коллегам из уральского «Времечко», приехавшим в столицу набираться опыта.

Люди

22.35. «Времечко» выходит в прямом эфире, но отрепетированным.

В остальном репетиция похожа на эфир. Отличается только подводками к сюжетам. У Наташи и Валерия примерные подводки написаны на бумажке. Игорь обычно импровизирует[12] на заданную тему по ходу[13].

Главный режиссер за всем следит. Через микрофон и наушник он переговаривается с режиссером прямого эфира Андреем. У главного режиссера на бумажке список — называется «монтажный план».

22.45. В студию заглядывает Анатолий Малкин. Он самый главный — президент и генеральный продюсер[14]. С умилением[15] просматривает сюжет про деньги: там автор предлагает ввести новую валюту под названием «сеятель». Малкину нравится. На съемках он бывает крайне редко — эфир довольно поздно.

23.00. — Кувшины. Где кувшины? Я спрашиваю, где кувшины?! — это крутит главный режиссер.

— Нет кувшинов. Не готовы, — спокойно отвечает ему по громкой связи режиссер за пультом Андрей.

— Как нет кувшинов? У меня же подводка к кувшинам, — жалобно вставляет Наташа.

— Другую напишешь. Вместо кувшинов ставим берегиню[16]!

В переводе на человеческий это означает, что сюжет про кувшины еще не смонтирован или не озвучен, — в общем, к эфиру не готов. Вместо кувшинов срочно ставят сюжет про тетеньку-скопидомшу[17], которая все найденное на улице собирает и несет домой. Почему-то проходит под кодовым названием «берегиня».

От софитов[18] в студии становится жарко. Ведущие мокреют и блестят, как финская сантехника. Прибегают с пудрой гримерши[19]. Пудрят всех.

23.10. Пятиминутный перекур[20] перед эфиром.

Эфир

За толстым стеклом позади ведущих находится аппаратная. Люди в аппаратной обречены смотреть «Времечко» со спины[21], это режиссер прямого эфира Андрей и два его ассистента. Первый ассистент включает звук, второй — титры. Самая сложная работа — у Андрея. Перед ним энное количество[22] мониторов[23]: планы трех камер с физиономиями[24] ведущих, заставка[25] «Времечко», застывшие физиономии мальчиков и денежные купюры — начальные кадры первых двух сюжетов про юных нацистов и про деньги. И самый большой монитор с надписью «выходной сигнал[26]» — это то, что мы видим в телевизоре с красным кружочком «Времечка» в нижнем углу[27]. У каждого монитора — свои кнопочки на пульте. Андрею нужно нажать правильные кнопочки, которые коммутируют[28] камеры, и не перепутать порядок сюжетов. Его нельзя отвлекать.

23.14. «Минутная готовность — оглашает главный режиссер — Пятьдесят девять, пятьдесят восемь... пятьдесят один, пятьдесят..., двацать... десять... мотор!

Андрей нажал кнопочку, полетели буквы АТВ[29], и в кадре появляется непрестанно улыбающаяся Наташа.

23.15. В телевизоре все выглядит нормально, а в студии начинается полная неразбериха[30]. Пошли звонки в студию. В программе нет специального редактора, который отвечает на звонки и отбирает из них для эфира самые интересные. Ведущие Игорь и Валерий занимаются этим сразу, в прямом эфире. У каждого из них свой наушник и телефон. Их каждоминутное «Времечко». Слушаю вас!» и Наташины реплики в камеру про яблоки или собак звучат в унисон[31], будто в студии — митинг, а не спокойный прямой эфир.

Васильков, который выслушивает сообщения этой телефонно-народной службы информации почти десять лет, давно научился за первые две секунды отличать пустые звонки от интересных. С первыми быстро и корректно[32] прощаются. Интересные выслушивают до конца и иногда выводят в эфир.

Часто зрительские звонки становятся темами для сюжетов. Одной из них стала новость Татьяны Николаевны, поведавшей, что на ее дачном участке откопали снаряд времен Второй мировой. Приехавшие милиционеры посмотрели, предупредили, что снаряд может в любой момент рвануть, обешали вернуться со специалистами и скрылись в неизвестном направлении. А снаряд так и лежит на дачном участке. Уже месяц. Отдыхать Татьяне Николаевне приходится в городе.

«Времечко! Слушаю вас!» — В кадре внимательный Игорь Васильков выслушивает Нину Сергеевну, которая жалуется, что вместе со своими дачными соседями на свои профессорские дачи они ездят на самой настоящей... дрезине[33], которой управляет машинист и берет за это «маршрутное такси»деньги.

Тут в кадре появляется еще один персонаж, не указанный в монтажном листе. Он игнорирует телекамеры, нарезая круги у лиц ведущих. Начинается сюжет.

— Откуда здесь муха?! Выгоните муху! — и ассистент режиссера на пару с осветителем[34] принимаются гонять незваную гостью по студии.

Сюжет заканчивается. Ситуацию опять спасает Васильков, он говорит в камеру:

— Уважаемые зрители, если вы заметили на экране муху, не бойтесь — она дрессированная[35]! Зовут Рекс, летит на включенный свет!

Наташа, грациозно[36] отмахиваясь от Рекса, прощается со зрителями.

Каждый имеет право на мгновение славы.

Даже Рекс.

1.	«Времечко»	ТВЦ (ТВ Центр) 电视台的一个栏目,贴近生活,很受百姓欢迎。每晚23:15以后播出
2.	отпрыск	子孙
3.	неистово	疯狂地
4.	доклеивать	补, 贴
5.	подводка	串词
6.	техперсонал	技术人员
7.	бурлить	沸腾
8.	сбой	间断
9.	студия	直播间
10.	дугообразный	弧形的
11.	забивать текст бегущей строки	敲入字幕内容
12.	импровизировать	即兴
13.	по ходу	按照(事情)进行的情况
14.	продюсер	制片人
15.	умиление	非常感动
16.	берегиня	美人鱼
17.	скопидомша	守财奴

18.	софит	天幕灯，顶灯
19.	гримёрша	(女)化妆师
20.	перекур	〈口〉歇一下抽支烟
21.	Люди в аппаратной обречены смотреть «Времечко» со спины	设备室的人只能背对着《Времечко》
22.	энное количество	无数多，很多
23.	монитор	监视器，监控器
24.	физиономия	面部表情
25.	заставка	〈印〉(卷首或章首的)书眉装饰图案，此处指《Времечко》这一栏目的开头画面(屏幕出现 Времечко 字样)
26.	выходной сигнал	输出信号
27.	это то, что мы видим в телевизоре с красным кружочком «Времечко»	这是指我们在电视屏幕下角看见的一行红色字母《Времечко》
28.	коммутировать	转换，切换
29.	ATB	(英语 ATV — Ассоциация телевидения)（英国）联合电视公司
30.	неразбериха	一团糟，杂乱无章
31.	унисон	齐奏
32.	корректно	得体地
33.	дрезин	〈铁〉轨道车
34.	на пару с кем	俩一起
35.	дрессированный	受过特别技能训练的
36.	грациозно	优雅的

Задания

1. Выберите правильный ответ из данных вариантов.

1) «Времечко» принадлежит
   а. ТВЦ.
   б. НТВ.
   в. РТР.

2) Рабочий день творческой команды «Времечко» начинается,
   а. когда большинство граждан спешит на работу.
   б. когда большинство граждан ужинает.
   в. когда большинство граждан спешит домой.

3) Главный режиссер за всем следит. Он переговаривается с режиссером прямого эфира Андреем

   а. по сотовому телефону.

   б. через микрофон и наушники.

   в. языком жестов.

2. Закончите предложения, пользуясь материалом текста.

1) Корреспонденты неистово доклеивают сюжеты, ...

2) Андрею нужно нажать правильные кнопки, которые коммутируют камеры, и не...

3) В телевизоре все выглядит нормально, а в студии...

4) Васильков, который выслушивает сообщения этой телефонно-народной службы информации почти десять лет, ...

Урок 17

Текст 1

Чем мужчина отличается от женщины?

Физиология

Только пять недель человек живёт как бесполое существо, да и то в утробе[1] матери. УЗИ[2], проводимое в конце четвертого месяца беременности, позволяет визуально определить, кто появится на свет: мальчик или девочка.

Среднестатистическая девочка при рождении весит на 250 г. меньше, чем среднестатистический мальчик[3]. Подобные пропорции сохраняются всю их дальнейшую жизнь.

— У женщины меньше и объём сердца, и объём циркулирующей[4] крови, она имеет меньшие возможности системы дыхания. Из всех функционирующих в организме систем только одна у мужчины работает слабее, чем у женщины, — это система обмена холестерином[5]. Холестериноподобные вещества откладываются на стенках сосудов у сильного пола больше, чем у слабого, именно поэтому мужчины чаще страдают сердечно-сосудистыми заболеваниями[6].

Но и в развитии силы имеется единственное исключение: у девочек до 10 лет толчок рукой[7] получается сильнее, чем у мальчиков. Еще более загадочно то, что на втором десятке лет жизни прекрасный пол утрачивает столь полезное для них свойство[8].

Продолжительность жизни у женщин во всех странах мира выше, чем у мужчин. В России — на 10 лет, в США — на 5 лет у белого населения и на 7 лет у черного. Минимальная разница в продолжительности жизни (всего 1 год) у мужчин и женщин в Непале и Бангладеш[9]. Подобной тенденции нет физиологического объяснения, поэтому медики считают, что причину следует искать в различных типах труда у мужчин и женщин. Как ни странно это звучит, но сильный пол примерно в три раза чаще слабого кончает жизнь самоубийством.

Энергетика

— Человек — это микрокосмос. В космосе тоже есть мужское и женское начала: солнце и луна, небо и земля, — говорит психолог, специалист по проблемам энергетики человека Алина Слободова. — И действительно, женщина связана с Луной своим физиологическим циклом[10]. Он длится у нее примерно столько же — 28 дней и, по аналогии с полной Луной, имеет период овуляции[11]. Мужская энергия движется сверху вниз, как бы с неба на землю, женская — снизу вверх. Главный орган у мужчины — голова, у женщины — матка[12].

Мужское начало считается светлым, положительным, женское — темным, отрицательным[13]. Но не в смысле плохой — хороший, а в смысле отрицательного и положительного зарядов[14]. И по принципу разнополярности мужчина и женщина притягиваются друг к другу. Женщина по своей природе — принимающее начало, мужчина — отдающее.

Психология

Ученые так и не смогли доказать разницу в умственных способностях у мужчины и женщины. Однако у женщин, бесспорно, лучше развита интуиция[15]. Они более эмоциональны. Иногда дамам не хватает эмоций в жизни, и тогда они пытаются почерпнуть[16] их, а заодно отвлечься[17] от мрачной действительности, отправившись на спектакль или усевшись перед экраном телевизора. Именно поэтому 2/3[18] посетителей театра — женщины.

Мужчины предпочитают футбол, автогонки и боевики. Они с интересом размышляют на тему технических возможностей автомобиля. И если в женщинах азарт просыпается только там, где возможно извлечь для себя хоть какую-то выгоду (выигрыш, комплимент или хотя бы подтверждение своей правоты), мужчины азартны всегда.

Свой творческий потенциал женщинам легче реализовать в поэзии или изобразительном искусстве, редкая женщина становится композитором.

Мужчины боятся плохих новостей, их подсознание способно пропустить мимо ушей «горькую правду», лишь бы не травмировать себя, любимого.

Что способно сильно расстроить мужчину? В первую очередь профессиональные неудачи, серьезные финансовые проблемы, даже то, что жена зарабатывает больше его. Женщину же чаще волнуют дела личные. Она переживает, если одинока, если не ладятся отношения в семье.

В любви для женщины главное — атмосфера нежности и открытости, для мужчины — удовлетворение сексуальных потребностей. И это основное разногласие между двумя половинками человечества.

1.	утроба	〈俗〉肚子
2.	УЗИ	ультразвуковое исследование 超声波检查, 即 B 超
3.	Среднестатистическая девочка... чем среднестатистический мальчик	一般女孩在出生时体重比男孩轻 250 克
4.	циркулирующий	循环的
5.	холестерин	胆固醇
6.	Холестериноподобные вещества откладываются на стенках сосудов у сильного пола больше, чем у слабого, именно поэтому мужчины чаще страдают сердечно-сосудистыми заболеваниями, ...	与女性相比, 胆固醇物质更容易留在男性的血管壁上, 正因为如此, 男人更容易患心血管病……
7.	толчок рукой	挺举
8.	... на втором десятке лет жизни прекрасный пол утрачивает столь полезное для них свойство.	在二十岁以后女性会丧失许多有益的特性
9.	Бангладеш	孟加拉国
10.	физиологический цикл	生理周期
11.	овуляция	〈生理〉排卵
12.	матка	〈解〉子宫
13.	Мужское начало считается светлым, положительным, женское-темным, отрицательным	男性被认为是阳性的, 带正电荷的, 而女性则被认为是阴性的, 带负电荷的
14.	заряд	电荷
15.	интуиция	直觉
16.	почерпнуть	汲取
17.	отвлечься	转移开
18.	2/3	读作 две трети

Задания

1. Выберите правильный ответ из данных вариантов.

1) Как долго человек живет как бесполое существо в утробе матери?

   а. Пятнадцать недель.

   б. Пять недель.

   в. Пять дней.

2) Что работает слабее у мужчины из всех функционирующих в организме систем?

   а. Система обмена холестерином.

   б. Система дыхания.

   в. Сердце.

3) Мужчины чаще страдают сердечно-сосудистыми заболеваниями, потому что

   а. мужчины пьют больше, чем женщины.

   б. мужчины курят больше, чем женщины.

   в. холестериноподобные вещества откладываются на стенах сосудов у мужчин больше, чем у женщин.

2. Закончите следующие предложения, пользуясь материалом текста.

1) УЗИ, проводимое в конце четвертого месяца беременности, позволяет визуально определить,...

2) Мужская энергия движется сверху вниз, как бы с неба на землю,...

3) По принципу разнополярности мужчина и женщина...

4) Иногда дамам не хватает эмоций в жизни, и тогда они пытаются почерпнуть их, а заодно отвлечься от мрачной действительности,...

5) Мужчины боятся плохих новостей, их подсознание способно пропустить мимо ушей «горькую правду», лишь бы...

6) Женщину чаще волнуют дела личные. Она переживает,...

7) Что способно сильно расстроить мужчину? В первую очередь профессиональные неудачи, ...

Текст 2

Россия — кладбище мужчин?

Судите сами. Взять, например, такой важнейший показатель, как продолжительность жизни. В России у мужчин она на 14 лет короче женской. При том, что в развитых странах Запада эта разница всего 2–3 года. Мужчины у нас составляют только 47% всего населения страны, и цифра эта продолжает сокращаться. За 5 лет преждевременно умерли 2,9 млн. человек, подавляющее большинство из них — мужчины в возрасте 20–49 лет. Можно сказать, что Россия становится кладбищем молодых мужчин.

Смертность сильного пола от самоубийств в 5,8 раза выше, чем тот же показатель у женщин. Вообще мужчины умирают куда чаще слабого пола, особенно в трудоспособном возрасте (в 4 раза). Если же приглядеться к статистике повнимательнее, то современные Адамы[1] мрут[2] от инфекционных и паразитарных заболеваний[3] чаще современных Ев[4] в 7,7 раза, от болезней органов дыхания — в 6,1 раза, от несчастных случаев, отравлений и травм — в 5,1 раза. Среди наркоманов мужчин в 6,5 раза больше, чем женщин. Подавляющую часть людей, пострадавших на производстве, в том числе и со смертельным исходом[5], опять же составляют мужчины — соответственно 79%.

Можно продолжать, но, кажется, и так все понятно. Мужские и женские потери в российской войне полов несоизмеримы. Когда приходит 65-й день рождения, женщины празднуют его в 2,3 раза чаще, чем мужчины.

Можно, конечно, заняться самобичеванием[6], как это сделал еще в 1968 г. советский демограф Б. Урланис, и говорить о том, что надо меньше пить, курить, тогда и жить будешь дольше. Но в этом, увы, только малая часть правды. Оказалось, что, несмотря на гордую осанку[7], бычью[8] шею, всякие бицепсы[9] и даже на пальцы «веером»[10], мужчины куда ранимее женщин с физиологической точки зрения. Сегодня медиками доказано, что мужики в 9,5 раза сильнее, нежели женщины, чувствуют боль и при этом хуже реагируют на болеутоляющие препараты[11], в том числе на морфий. Благодаря ежемесячному изменению уровня гормонов, женщины лучше преодолевают и многие другие отклонения в состоянии здоровья.

Всю жизнь с самого детства мальчикам, юношам, мужчинам внушается, что они добытчики, защитники очага, кормильцы и вообще «каменная стена», за которой существует семья и женщина в частности. И если в застойные, но стабильные годы большинству мужчин, имеющих работу, подобную роль было играть сравнительно легко, то с началом рыночной экономики они остались один на один со своими амбициями и со своими... женщинами, которые эти амбиции всячески подогревали[12]. Редко кому из мужиков не приходилось слышать от жен и любимых, что он и денег не может заработать, и детей не способен воспитать, и пользы от него никакой, кроме вреда.

Вот только, милые женщины, не забываете ли вы, что в войне полов не бывает победителей. В конце концов, когда мужчина уходит из жизни, женщина остается одна... Может быть, поменьше упреков и побольше любви и поддержки, а? Специалисты подсказывают, что мужчина, окруженный заботой и любовью, живет почти так же долго, как и та, которая его любит.

1. Адам	亚当
2. мереть	大批死亡
3. инфекционные и паразитарные заболевания	传染性的和寄生性的疾病
4. Ева	夏娃
5. исход	结局
6. самобичевание	苦行
7. гордая осанка	高傲的姿态
8. бычий	像牛一样的
9. бицепсы	二头肌
10. пальцы «веером»	(张开后)像扇子一样的手指
11. препарат	试验品
12. подогревать	刺激

Задания

Прочитайте и запомните.

2,9	две (целых) и девять десятых
5,8	пять (целых) и восемь десятых
7,7	семь (целых) и семь десятых
6,1	шесть (целых) и одна десятая
5,1	пять (целых) и одна десятая
6,5	шесть (целых) и пять десятых
2,3	две (целых) и три десятых
9,5	девять (целых) и пять десятых

Урок 18

Текст 1

Скульпторы и их «дети»

В последние годы в столице появилось много новых памятников. Москвичи к ним относятся неоднозначно. Интересно, а как сами скульпторы оценивают свои работы и работы своих коллег?

Михаил Шемякин, автор композиции «Дети — жертвы пороков взрослых» на Болотной площади (фото 1):

фото 1

— Знаете, если критикует пресса, я не могу к этому серьезно относиться. Я делал свой памятник не для прессы и не для критиков. То, что он кому-то не нравится и кто-то его недопонимает, — вполне нормальное явление. И это неправда, что композиция никому не нравится. Туда ходит простой народ, я слышу много благодарностей.

фото2

А что касается других памятников... Мне дорог памятник Жукову[1] (фото 2). Мой отец был воспитанником маршала и даже несколько раз спасал его. Художественная оценка памятника? Хорошая реалистическая скульптура. И «Турандот»[2] (фото7), и ротонда[3] у Никитских ворот — все это хорошие работы.

фото7

Если говорить, без чего Москва могла бы вполне обойтись, я назвал бы кладбище памятников на Крымском валу. Многие из этих памятников находятся в убогом[4] состоянии и портят общее впечатление. А ведь там есть неплохие скульптулы. Взять того же Дзержинского[5]. У меня лично к нему никаких претензий нет[6]. И я считаю, что, убрав его с Лубянки, мы обезглавили эту площадь.

Михаил Дронов, автор скульптуры «Наталья и Александр»[7] в центре фонтана-ротонды у Никитских ворот (фото 3):

фото3

— С ротондой мы промахнулись⁸, признаю. Архитекторы дали мне размеры, задание. Было много вариантов поз, но остановились на самой банальной⁹. Я сделал работу. Потом увидел и понял, что промазали¹⁰. Вина общая: я не проследил, они не продумали... Вот теперь хотим переделать скульптуру: чуть-чуть увеличить, слегка изменить композицию. Придется лепить заново. А саму ротонду уже не уберешь, она сделана капитально¹¹.

Шемякинских «Детей»¹² я видел только на фотокарточках. Могу сказать, что сам бы я так делать не стал. Но, как сказал кто-то великий, «все цветы должны цвести» — и плохие, и мерзкие, и самые красивые. Если все будет прекрасно, не от чего будет отталкиваться¹³. Памятник Жукову? Знаете, скульптор Клыков — очень одаренный человек, но в данном случае не сложилось¹⁴. И я думаю, он сам это знает. Фонтан «Турандот» — веселая декоративная работа. Говорят, что она перегружена деталями¹⁵. Не думаю. Таких радостных произведений у нас мало. Зато много мрачных — стоящих и сидящих — людей. Согласен, что Достоевский мрачен. Ну а что ему веселиться, если жизнь у него была не сахар?

Зураб Церетели, автор скульптуры «Древо¹⁶ жизни» в Московском зоопарке и многих других (фото 4):

фото 4

— Кто меня критикует? Скажите. Тех, кто обо мне думает хорошо, больше. Я решил книгу создать, где одна половина будет только с плохими отзывами, другая — только с хорошими. Хороших больше будет. Вообще, критиковать каждый может. А вот создать что-то стоящее¹⁷ — нет.

Мне нравятся все мои памятники. Они украшают Москву, она становится веселее. Можно поставить что-нибудь еще? Да что угодно. Вот скоро построим Диснейленд¹⁸, на его территории тоже будет несколько моих памятников.

фото 5

Александр Рукавишникрв, автор памятников Достоевскому (фото 5) Российской государственной библиотеки и Никулину у Цирка на Цветном бульваре (фото 6):

фото 6

— Я спокойно отношусь к тому, что некоторые мои работы критикуют. Когда начинаются эти разговоры, я произношу расхожую фразу: а судьи кто? Критика должна быть профессиональной. Поэтому я признаю только ту критику, которая исходит от уважаемых мною людей.

Шемякин мне нравится. Если говорить о чистом искусстве, дать художнику полностью самовыразиться, то всегда получится так, что он вынужден щёлкать общество по носу[19]. Памятник Жукову мне не нравится по скульптурным, эстетическим соображениям. А фонтаны — хорошо. Ничего против не имею. Вообще это благое дело, что нетрадиционна скульптура постепенно выносится на улицу.

Игорь Бурганов, один из авторов фонтана «Турандот» на Старом Арбате (фото 7):

— Честно говоря, я не видел ни одного плохого отзыва в прессе об этой нашей работе. Любой памятник должен пройти проверку временем. Сейчас нельзя сказать, что будет хорошо, а что плохо через десяток лет. Ну а то, что памятники вызывают разные эмоции, свидетельствует о том, что общество развивается, оно не закостенело[20].

Памятник Жукову смотрится вполне органично. И самое главное — этот памятник был нужен городу. Так же, как Поклонная гора[21] была нужна обществу. О войне ни в коем случае нельзя забывать. А убрал бы я памятник Энгельсу, что стоит у метро «Кропоткинская». Он вызывает у меня (да и не только у меня) сильное неприятие. Заметьте, рядом Кремль и храм Христа Спасителя. Что там делает Энгельс?

1. Жуков	朱可夫元帅
2. Турандот	图兰朵公主
3. ротонда	〈建〉圆形建筑物，此处指普希金及其妻子的雕像
4. убогий	贫困的，简陋的
5. Дзержинский	捷尔任斯基，全俄肃反委员会主席（1922年为国家政治保安局）。捷尔任斯基雕像曾位于卢比扬卡广场，苏联解体后被推倒并移走
6. У меня лично к нему никаких претензий нет.	我本人对它没有任何反感

7. Наталья	指普希金的妻子
8. промахнуться	失策
9. банальный	平庸的
10. промазать	失误
11. капитально	很牢固
12. Шемякинские «Дети»	指 Михаил Шемякин 的作品
13. отталкиваться	放弃
14. Памятник Жукову? Знаете, скульптор Клыков — очень одаренный человек, но в данном случае не сложилось.	朱可夫纪念像？要知道，雕塑家雷科夫是一位非常有才华的人，但在这个作品上并未体现出来
15. Говорят, что она перегружена деталями.	据说，这个雕塑品做得不够简洁
16. древо	〈旧，诗〉дерево
17. стоящее	有价值的
18. Диснейленд	迪斯尼乐园
19. щелкать общество по носу	抨击社会
20. закостенеть	僵化
21. Поклонная гора	俯首山，胜利广场所在地

Задания

1. Переведите предложения на китайский язык.

1) В последние годы в столице появилось много новых памятников.

2) Туда ходит простой народ, я слышу много благодарностей.

3) У меня лично к нему никаких претензий нет.

4) «Все цветы должны цвести» — плохие, и мерзкие, и самые красивые. Если все будет прекрасно, не от чего будет отталкиваться.

2. Закончите предложения, пользуясь материалом текста.

1) Интересно, как сами скульпторы...

2) Я делал свой памятник...

3) То, что он кому-то не нравится и кто-то его недопонимает, — ...

4) Многие из этих памятников находятся в убогом состоянии и...

5) Согласен, что Достоевский мрачен. Ну а что ему веселиться, ...

6) — Чесно говоря, я не видел ни одного плохого отзыва в прессе об этой нашей работе. Любой памятник...

7) Сейчас нельзя сказать, что будет хорошо, а...

8) Памятник Жукову смотрится вполне органично. И самое главное — ...

Текст 2

Москва в ожидании памятников

У каждой эпохи свои герои. Эпохи проходят, все умирают, некоторым ставят памятники. Количество бронзовых изваяний с каждым годом увеличивается. И вот новый перечень предложений «О возведении произведений монументально-декоративного искусства городского значения» в исполнении Мосгордумы. А в нем монументов и скульптурных композиций... 21 штука.

Помнить и чтить мы теперь будем не только родных героев, но и зарубежных. Мы так обрадовались юбилею великого поэта Пушкина, что решили поделиться радостью буквально со всем миром. И поделились. Несколько десятков бронзовых Пушкиных по пояс и в полный рост «ушли» за границу в виде подарков. Подарки же в виде поэта и гражданина пришлись многим по вкусу. Италия уже отдала нам дань уважения[1], прислав вместо нашего Пушкина своего Данте Алигьери[2]. А Франция предоставила москвичам шанс увидеть Гюго не только на картинках, но и в бронзе. И Данте, и Гюго уже прижились в столице, и любой желающий может познакомиться с ними в саду «Эрмитаж». Как рассказал депутат МГД[3] Евгений Бунимович, бельгийцы до подарка о Пушкине ничего не знали, но бронзовый он им очень понравился. Они хотели, чтобы именно так выглядел Дух поэзии. В благодарность за чудесное изваяние нас одарят «Похищением Европы»[4] известного и модного бельгийского скульптора Стребеля. Пока еще не решено, где отливать затейливую конструкцию, зато ясно, что стоять она будет на строящейся площади Европы напротив

Киевского вокзала.

Но одними дарами сыт не будешь⁵, поэтому столичные скульпторы тоже порадуют горожан новыми свершениями. Небезызвестный Зураб Церетели поработал над французским президентом де Голлем⁶, «прописать» которого решено рядом с гостиницей «Космос». Проект памятника, говорят, согласовывался с семьей самого де Голля и отрицательных эмоций пока не вызвал.

Произведение другого известного художника, Михаила Шемякина, «Дети — жертвы пороков взрослых» появится в сквере на Болотной площади к Дню города. Эта 15-фигурная скульптурная композиция из позорного столба, детей и, собственно, пороков, по мнению автора, должна привлечь внимание взрослых к проблемам своих чад, страдающих от войн, наркомании, нищеты и много еще от чего.

Вообще, патриотически-философских памятников, глядя на которые обоснованно можно будет впадать в глубокую задумчивость, хмурить брови и украдкой вытирать слезу, в столице появится достаточно. Так, из бюджета города выделено 40 млн. руб. на создание «Аллеи партизан», 20 млн. руб. — на памятник воинам, погибшим в гражданской войне, еще 20 млн. — на памятник воинам, погибшим «при защите государственных интересов России в военных конфликтах в различных «горячих точках». Все бы ничего, но из всех трех монументов только «Аллея партизан» окажется на своем месте — в парке Победы на Поклонной горе. А два других памятника пропишутся⁷ в зонах отдыха: один поставят на территории парка в Тропареве, а второй — в сквере около кинотеатра «Ленинград».

1. Италия уже отдала нам дань уважения	意大利已经给予我们以重视
2. Данте Алигьери	Dante Alighier (1265—1321),意大利诗人但丁,《神曲》作者
3. МГД	Московская государственная дума 莫斯科市杜马
4. Похищение Европы	劫持欧罗巴,源于希腊神话
5. но одними дарами сыт не будешь	但仅仅有赠品是不够的
6. де Голль	Голль (Glalle) Шарль де (1890—1970),1958—1969 任法国总统
7. прописаться	在……落户

Задания

1. Переведите предложения на русский язык.

1) 铜铸雕塑的数量一年比一年增加。
2) 我们现在不光记住和纪念本国英雄,同时也记住和纪念外国英雄。
3) 我们对伟大的诗人普希金的周年纪念日感到很高兴,于是决定与全世界分享这一快乐。
4) 光有赠品是不够的,所有首都的雕塑家将用自己新的作品来取悦市民。

2. Запомните.

Мольер 莫里哀	«Тартюф»《伪君子》, «Скупой»《悭吝人》
Руссо 卢梭	«Новая Элоиза»《新爱洛绮丝》
Бомарше 博马舍	«Женитьба Фигаро»《费加罗的婚姻》
Стендаль 司汤达	«Красное и черное»《红与黑》
Бальзак 巴尔扎克	«Евгения Гранде»《欧也妮·葛朗台》, «Отец Горио»《高老头》
Гюго 雨果	«Собор Парижской богоматери»《巴黎圣母院》, «Отверженные»《悲惨世界》
Мопассан 莫泊桑	«Пышка»《羊脂球》, «Ожерелье»《项链》
Ромен Роллан 罗曼·罗兰	«Жан Кристоф»《约翰·克利斯朵夫》
Шекспир 莎士比亚	«Ромео и Джульетта»《罗米欧与朱丽叶》, «Гамлет»《哈姆雷特》
Диккенс 狄更斯	«Давид Копперфильд»《大卫·科波菲尔》, «Джен Эйр»《简爱》
Марк Твен 马克·吐温	«Приключения Тома Сойера»《汤姆·索耶历险记》
Хемингуэй 海明威	«Старик и море»《老人与海》
Гёте 歌德	«Фауст»《浮士德》, «Страдания юного Вертера»《少年维特之烦恼》
Шиллер 席勒	«Коварство и любовь»《阴谋与爱情》
Сервантес 塞万提斯	«Хитроумный идальго Дон Кихот Ламанчский»《堂·吉诃德》
Андерсен 安徒生	«Девочка со спичками»《卖火柴的小女孩儿》

Урок 19

Текст 1

Секретное хранилище сокровищ России

Если на московском метро добраться до станции «Фили» (это в той примерно стороне, где зеленеет парк Победы), протиснуться[1] через подземный переход под железнодорожными путями, то вдруг из-за поворота возникает колоссальная, уходящая в поднебесье конструция, сплошь[2] состоящая из стекла, бетона и прямых углов. Это суперсекретный объект 305[3]. Это здание Государственного хранилища России.

Здесь собирают, учитывают и хранят ценность государственного фонда драгоценных металлов и драгоценных камней. Золото — не самое ценное, что у нас есть. В Гохране хранятся алмазы, металлы платиновой группы[4] (платина, палладий[5]) и особо ценные ювелирные изделия. Сколько — большая государственная тайна, имеет стратегическое значение. Когда-то в тех же подвалах хранилось и кое-что другое, имеющее стратегическое значение: радиоактивные вещества[6].

По соседству с 305-м объектом на месте бывшего кладбища — невзрачные[7] постройки гаражного типа: бомбоубежище Сталина. Там в глубине лежит уникальная коллекция Фаберже[8]. И «Зеленая комната»: трофеи[9] из побежденной Германии — изделия Возье[10], золотой кофейный сервиз Фридриха Великого[11] на две персоны и многое другое.

Берегут в Гохране драгоценности из кладов, переданных гражданами государству. И то, что не выкупают из ломбардов[12]. Здесь же маршальские звезды и ордена «Победы» (в каждом 16 карат[13] бриллиантов, платина, золото и серебро). Всего было 17 награждений. Все ордена должны после кончины владельца возвращаться государству.

Лежат в Гохране и подарки. Кое-что от Иосифа Виссарионовича. Кое-что — Леониду Ильичу[14]. Шикарный гарнитур с рубинами[15] и бриллиантами: колье, серьги, массивный перстень[16], все блестит-переливается[17] — «передали» от Михаила Горбачева.

Во всем мире принято сдавать государству то, что получил в подарок при исполнении. Подарок там считается ценным, если стоит больше 50 долл. У нас это законодательно не утверждено. В советские времена министр финансов принес портсигар[18], вазочки. «Выездные» работники Минторга[19] даже ручки сдавали — от греха подальше. Сегодняшние госслужащие получают в подарок часы, цепочки. Кто именно, когда и что именно принес — в Гохране обсуждать не принято.

Объект 305 был спроектирован специально для Гохрана в 1972 г. Алексей Косыгин, председатель Совмина[20] СССР, держал стройку под личным контролем. Близко подобраться сюда незамеченным нельзя. Раньше территория кругом была холмистая, но дан приказ — и за неделю все горы срыли. Подкоп[21] тоже исключен: на много метров вглубь все залито бетоном.

Конструкция уникальная. Толщина стен — больше метра. На 14-м (!) этаже установлены станки по огранке[22] алмазов. Здание рассчитано на все виды стихийных бедствий. Выдержит даже прямое попадание бомбы. Создатели за это чудо в свое время получили премию Совмина СССР. Закрытую, естественно.

В свое время здесь все было закрытое. Только после перестройки появилась вывеска. И сюда впервые впустили иностранцев: правительственные делегации африканских государств, добывающих алмазы. Водили, показывали, как у нас обрабатывают алмазы, но не в хранилище, конечно, — Боже упаси[23].

Охраняет здание специальный полк МВД[24]. Вместо пропуска здесь — магнитная карточка: вставляешь — дверь открывается. Закодированные двери[25] делят на специальные зоны даже не самую секретную часть здания. Каждый сотрудник может ходить только вполне определенным маршрутом. Сотовые телефоны[26] запрещены, чтобы сверхчувствительная электроника не отвлекалась.

Вся охранная система — отечественного производства, потому что секретная. Только стальные толстенные двери — США. Приобретены нами в знак российско-американской дружбы. В подвал ведет бронированный лифт, в котором постоянно дежурит охранник. Хранилища, само собой, заперты. Открыть их могут только, собравшись вместе, начальник хранилища и контролер в присутствии начальника караула.

В комнатах создан специальный микроклимат. Сами камни в пакетиках из спецбумаги разложены по коробкам из спецкартона. На каждой — ярлычок. Алмазы рассортированы по размеру, по форме. Сведения о каждом камне занесены в компьютер.

В Гохране работают более полутора тысяч человек. За все время не было ни одного случая «утраты камня». Хотя сигнализация время от времени срабатывает. Последнее крупное ЧП произошло почти 30 лет назад. Участники получили 8 и 10 лет. Дело до сих пор имеет гриф[27]«Совершенно секретно».

1.	протиснуться	挤过去
2.	сплошь	全都
3.	объект 305	305号工程
4.	металлы платиновой группы	白族金属
5.	палладий	〈化〉钯
6.	радиоактивные вещества	放射性物质
7.	невзрачный	不漂亮的
8.	Фаберже	指 П. К. Фоберже, 19世纪末20世纪初俄国珠宝商
9.	трофеи	战利品
10.	Возье	地名
11.	Фридрих Великий	指腓特烈 (1712—1786), 普鲁士第三代国王
12.	ломбард	当铺
13.	карат	〈口〉克拉 (宝石重量单位, 合0.2克)
14.	Иосиф Виссарионович; Леонид Ильич	指斯大林; 勃列日涅夫
15.	рубин	红宝石
16.	массивный перстень	很沉的镶嵌宝石的戒指
17.	переливаться	(颜色)闪变
18.	портсигар	烟盒
19.	Минторг	Министерство торговли 商务部
20.	Совмин	Совет министров 部长会议
21.	подкоп	地道, 坑道
22.	огранка	огранить 的动名词, 磨出棱角
23.	Боже упаси	这是绝对不可能的事

24. МВД	Министерство внутренних дел	内务部
25. закодированные двери	带密码的门	
26. сотовый телефон	手机	
27. гриф	文件封面上的批注	

Задания

1. Переведите предложения на китайский язык.

1) Здесь собирают, учитывают и хранят ценности государственного фонда драгоценных металлов и драгоценных камней.

2) Все ордена должны после кончины владельца возвращаться государству.

3) Во всем мире принято сдавать государству то, что получил в подарок при исполнении.

4) Каждый сотрудник может ходить только вполне определенным маршрутом.

5) Вся охранная система — отечественного производства, потому что секретная.

2. Ответьте на вопросы по тексту.

1) Где находится объект 305?
2) Что это за здание?
3) Что хранится в Гохране?
4) Кто держал стройку Гохраны под личным контролем?
5) Что получили создатели за это создание?
6) Кто охраняет это здание?
7) Почему сотовые телефоны здесь запрещены?
8) Куда занесены сведения о каждом камне?

Текст 2

На выставке в Российском этнографическом музее представлено около 200 возвращенных к жизни предметов культуры

В Российском этнографическом музее в северной столице открыта выставка «Музейные реставраторы Санкт-Петербурга». Экспонаты позволяют по достоинству оценить профессионализм реставраторов, их мастерство, художественную интуицию и в то же время расширить наши представления о культурном наследии России, его многообразии и уникальности.

На выставке представлено около 200 различных предметов культуры, возвращенных к жизни истинными мастерами своего дела: картины, оружие, рукописи, иконы, модели кораблей, царская утварь, боевые знамена... Особое место в экспозиции уделено отделу реставрации экспонатов Русского музея. На выставке экспонируется работа реставратора Сергея Голубева — икона «Богоматерь Владимирская» (конец XIV — начало XV века, московская школа, дерево, левкас[1], темпера[2]). В ходе реставрации была удалена перегрунтовка[3], лежащая поверх авторской живописи.

— У каждого музейного экспоната — своя судьба, — говорит заведующий отделом реставрации экспонатов Евгений Солдатенков. — Но все они, как и люди, не вечны, неуловимо стареют, подвержены различным болезням и требуют постоянной заботы. Победить время, вернуть молодость творениям художников прошлого, бороться с подстерегающими их опасностями[4], сохранить уникальные культурные ценности для будущих поколений — наша главнейшая задача.

После Октябрьской революции тысячи национализированных памятников из частных коллекций, «предметы культа»[5], принадлежавшие российским церквям и монастырям, начали стекаться в государственные музеи. Возникла острая необходимость их сбережения, при музеях стали создаваться реставрационные мастерские. Отдел реставрации экспонатов в

Русском музее появился в 1922 году. Первым его руководителем был художник –реставратор Николай Околович. Ему с коллегами пришлось творчески переосмыслить традиционные методы национнальной школы реставрации, создать новые методики для консервации различных материалов.

В годы Великой Отечественной войны реставраторы принимали участие в эвакуации экспонатов в Пермь, а в послевоенное время занимались консервацией памятников, чтобы исключить их дальнейшее разрушение.

— Начиная с 1950 -х годов, — продолжает разговор Евгений Солдатенков, — из общей реставрационной мастерской стали выделяться новые подразделения: мастерская реставрации графики, древнерусской живописи, сектор реставрации деревянной скульптуры, декоративной резьбы и мебели, тканей, гипсовой и каменной скульптуры, керамики, стекла и металла, рам, мастерская реставрации экспонатов, выполненных в смешанных живописных техниках. Для решения проблем сохранности и консервации экспонатов были созданы физическая и химическая лаборатории. Особенностью Русского музея являются технико – технологические и историко –художественные исследования памятника до начала реставрационных работ и выработка оптимальных, безопасных методов вмешательства.

...Художник-реставратор Марина Янкина показала на выставке корреспонденту «НГ»[6] свою работу — восстановленный ею кафтан[7] князя Потемкина (последняя четверть XVIII века) из коллекции музея-заповедника «Петергоф»[8]. Одежда, сшитая во Франции в стиле рококо[9], роскошна, в ней есть и элементы женского платья — декаративные пуговицы, кружева, ленты.

— На восстановление кафтана ушло 2 года, — рассказала Марина Янкина. — Вначале я разобрала швы кафтана, подготавливая его к чистке. Одежду чистят, разумеется, нейтральными, бескислотными средствами, чтобы не воздействовать на красители. Когда красители не закреплены, то экспонат чистят сухим способом, как было и с кафтаном князя Потемкина. Много времени ушло на сбор подсобного дублированного материала. Не удалось разыскать шелковый тюль и пришлось заменять его хлопчатобумажным. Основное время я потратила на реконструкцию тюля. Сейчас у меня в работе (я считаю, что мне крупно повезло в жизни) кафтан Петра I. Одежда изготовлена из шерстяного сукна, сильно поедена молью[10]. Моль — беда всех музеев. Вообще моя работа — это для меня лекарство от всех проблем. Она помогает преодолевать нелегкое время в финансовом плане. Я чувствую себя самым счастливым человеком.

1. левкас	列夫卡斯, 壁画的一种涂底用涂料
2. темпера	胶画颜料
3. перегрунтовка	重新添底料
4. подстерегающие опасности	潜在的危险
5. предметы культа	祭祀用品
6. НГ	Независимая газета 独立报
7. кафтан	(旧时俄罗斯男子所穿的腰部束带的)长衣
8. Петергоф	位于圣彼得堡的彼得宫的旧称
9. рококо	洛可可式(18世纪在西欧盛行的建筑和装饰式样)
10. сильно поедена молью	被蛾子咬得厉害

Задания

1. Выберите подходящий ответ, соответствующий содержанию текста.

1) В каком городе открыта выставка «Музейные реставраторы Санкт-Петербурга»?

   а. В Санкт-Петербурге.

   б. В Москве.

   в. В Новосибирске.

2) Сколько возвращенных к жизни различных предметов культуры представлено на выставке?

   а. Около 220.

   б. Около 200.

   в. Около 2000.

3) Кто был первым руководителем отдела реставрации?

   а. Николай Околович.

   б. Евгений Солдатенков.

   в. Сергей Голубев.

4) Когда появился отдел реставрации экспонатов в Русском музее?

   а. В 1920 году.

   б. В годы Великой Отечественной войны.

   в. В 1922 году.

2. Ответьте на вопросы по тексту.

1) В каком музее открыта выставка «Музейные реставраторы Санкт-Петербурга»?
2) Что представлено на выставке?
3) Какому отделу уделено особое место в экспозиции?
4) Что было уделено в ходе реставрации?
5) В чём заключается главнейшая задача отдела реставрации экспонатов?
6) Какие лаборатории были созданы для решения проблем сохранности и консервации экспонатов?

Урок 20

Текст 1

Дуб и колодчик

Деревня наша стоит на горе. Перед деревней, спускаясь вниз, тянутся глубокие овраги. Их крутые склоны густо поросли черемухой, орешником, крушиной. Попадаются среди них кусты калины, и дикого шиповника, ветвистого хмеля и дикой малины. А на самой вершине горы рос старый могучий дуб.

Моя бабушка прожила девяносто шесть лет, но, сколько она помнила себя[1], дуб всегда был такой же огромный. Сколько же ему лет? Наверное, очень много. Ствол его, почерневший от древности, раздваивался[2] почти от самого основания, и каждая половина представлялась отдельным деревом. Дуб был очень высокий, ветвистый, с густой кроной[3], и тени давал много. Вдоль берега оврага тоже растут дубы, но такой величественный — только этот. У него и имя было — «Дуб», с большой буквы. Когда заходила речь о каком-то событии или случайной встрече и называлось место: «У Дуба», то все знали, о каком дубе идет речь.

В детстве мне бабушка часто рассказывала одну басню: «Свинья под Дубом вековым, наевшись желудей[4] досыта, до отвала...».

Я представляла себе наш Дуб. Будто стоит он такой большой, сильный, а совсем беззащитный, и я ненавидела Свинью за то, что она подрывала у него корни. Я боялась, что он от этого может погибнуть. Но тут до меня доходило: дуб ведь жив, и стоит на горе, и с ним ничего не случилось, значит, он оказался сильней Свеньи.

А когда за праздничным столом начинали петь песню про «тонкую рябину», я опять вспоминала наш Дуб и думала, что это к нему хочет перебраться рябина. Конечно, такой богатырь не дал бы «гнуться и качаться» этой бедняжке[5]. И от этой песни в душе у меня рождалась какая-то жалость и к одинокой рябине, и к нашему одинокому Дубу. Я понимала — никогда им не соединиться...

Сразу от Дуба — спуск в овраг. Там, под Дубом, бил источник с чуднейшей ключевой водой. Одет был этот источник в деревянный сруб, а сверху закрывался крышкой, как обычный деревенский колодец. Все этот источник называли — «колодчик».

Какая же необыкновенная вода в этом колодчике: холодная, лёгкая, вкусная. Пьёшь — и не напьёшься! Как будто не воду глотаешь, а свежий воздух после грозы. Такое было ощущение от этой воды. Народ со всей округи ходил на колодчик за водой для чая. Этого чая можно выпить хоть пять стаканов, а то и больше, под душевный-то разговор.

Около колодчика сделана маленькая скамеечка, а на ней всегда стояла кружка или стакан. Тёплым весенним или летним днём поднимешься на гору, остановишься под Дубом отдохнуть, дух перевести, а потом осторожно спустишься по земляным ступенькам, как в чашу, к колодчику. Откинешь крышку и видишь своё отражение в воде, будто в зеркале, только ещё чище.

А Дуб стоит наверху и тоже смотрит в колодчик, и тоже видит себя в чистейшей воде. Смотрит, любуется и как будто спрашивает: «Ну, как, я хорош, силён, могуч?» Да, ты и могуч, и силён, и красавец несравненный! Ты — это сама вечность! Сколько поколений видели тебя, любовались тобой, дышали твоим воздухом, утоляли жажду твоей живой водой! А скольких моих земляков, сколько событий запомнил ты! Услышать бы твой рассказ... Может, иногда ты и рассказываешь о них, шелестя своей листвой, только вот переводчика нет, чтобы перевести с твоего языка на наш, человеческий.

Залюбуешься на его красоту, и не хочется уничтожать это отражение. Однако зачерпнёшь кружкой воды из колодчика, сядешь на скамейку и неторопливо пьёшь эту чудодейственную воду.

А кругом птицы разливают свои трели; черёмухой, душицей, иван-чаем пахнет или скошенным сеном. И такая стоит благодать, что самые тонкие струны души начинают звучать, и все суетное, житейское уходит, растворяется где-то...

Шли годы. Многое изменилось в жизни людей, в природе. Другая деревня, другие жители, другие тропинки протоптаны. Менялся и колодчик. Его чистили время от времени, подновляли сруб. Не менялся лишь только Дуб. Правда, около него появилась молодая поросль, но она только больше силы и мощи придавала Дубу.

Однажды поздней осенью я поехала в нашу деревню навестить маму. Дни стояли короткие и серые. Я быстро поднялась в гору и, не особенно глядя по сторонам, заспешила домой. После дальней дороги хотелось домашнего тепла и уюта. Интуитивно я почувствовала, на горе что-то не так, что-то изменилось. Но это промелькнуло где-то в подсознании. Мысль, что ещё немного, и я буду дома, подгоняла меня.

Сразу после нашей встречи мама спросила:

— Ты шла горой, видела, Дуба-то нет?

— Как нет? — переспросила я. — А куда же он делся?

— Да, вон, чужаки сожгли, — и она горестно вздохнула. — Облили бензином и сожгли... Неделю целую горел... Вот, ведь какие обалдуи растут, будто он им мешал!

Я не находила слов, чтобы дать какую-то оценку случившемуся. Дуба, который был неотъемлемой частью жизни многих и многих поколений, — больше нет!

Прошло еще года три-четыре. В деревню я теперь ездила не часто — мамы уже не было в живых. Но в один из приездов мне захотелось сходить за водой на колодчик и попить настоящего чая. С ведерком я пошла знакомой тропинкой к оврагу. По дороге мне встретился сосед, бывший учитель.

— Ты что, за водой собралась? — спросил он меня.

Я ответила утвердительно.

— Не ходи.

— Почему? — спросила я.

— Нет больше колодчика, — вздохнув, ответил он.

— Как нет? А что же с ним случилось?

— Ушла вода... иссяк источник.

Я не поверила. А сосед продолжал:

— Дуба нет, и источника не стало. Это он, Дуб, своими мощными корнями засасывал воду из глубины земли. А теперь всё: Дуба — нет, и воды — нет! — опять повторил он. Потом, немного помолчав, продолжал:

— Видишь, деревня-то вымирает. Совсем не осталось коренных жителей. Все больше — дачники, а они ни про Дуб, ни про колодчик ничего не знают... и не узнают, чужие они... — закончил он.

Мы помолчали. Потом, развернувшись, я пошла назад к дому.

Горько было у меня на душе. «Вот, ведь, как в жизни, в природе всё воедино связано, — размышляла я — Дуб, деревня, колодчик... Стоило одному звену порваться, как порвалась вся цепь. И ведь уже ничего не исправишь...»

1. сколько она помнила себя	从她开始记事儿时起
2. раздваиваться	分叉
3. крона	树冠
4. жёлудь	橡树果实
5. Конечно, такой богатырь не дал бы «гнуться и качаться» этой бедняжке.	当然,这位勇士(此处指橡树)是不会让这个可怜的花楸树东摇西晃的。这是根据《Тонкая рябина》这首歌第三段歌词而来: как бы мне, рябине, к дубу перебраться, я б тогда не стала гнуться и качаться.

Задания

1. Прочитайте предложения, поставьте по тексту пропущенные слова или выражения.

1) Деревня наша стоит на горе. Перед деревней, спускаясь вниз, _____ глубокие овраги.

2) Моя бабушка прожила девяносто шесть лет, но, _____, дуб всегда был такой же огромный.

3) И от этой песни в душе у меня _____ какая-то жалость и к одинокой рябине, и к нашему одинокому Дубу.

4) Этого чая можно выпить хоть пять стаканов, _____, под душевный-то разговор.

5) А скольких моих земляков, сколько событий _____ ты!

6) После дальней дороги хотелось _____.

7) Интуитивно я почувствовала, _____, что-то изменилось. Но это _____ где-то в подсознании.

8) Я не находила слов, чтобы _____.

2. Запомните.

ботаника	植物学	травянистое растение	草本植物
сосна	松树	кедр	雪松
лиственница	落叶松	кипарис	柏树
елка	云杉	пихта	冷杉
платан	法国梧桐	берест	榆树
осина	白杨	тополь	杨树
липа	椴树	ива	柳树
плакучая ива	垂柳	маслина, олива	橄榄树
авация	槐树		

Текст 2

Клаве посвящаю

Пропавший без вести — не погибший. И у близких остается призрачная надежда на то, что когда-то близкий человек вернется и жизнь наладится. Клава Архипова ни на секунду не могла поверить, что ее любимый, обожаемый Павлик никогда больше не улыбнется ей своей широкой улыбкой, не посмотрит тем особенным взглядом, от которого все внутри замирает, а душа готова летать от счастья.

Короткое счастье

Они познакомились на танцах в 41-м. Младший лейтенант Павел Мельник, выпускник училища гражданской авиации, с первых дней войны на скоростном бомбардировщике[1] громил переправы[2] немцев на Днепре[3]. Потом командование послало его на курсы летчиков-штурмовиков[4] в город Сальск Ростовской области. Клава Архипова работала медсестрой в местном госпитале. На те танцы ее чуть ли не силой затащили подружки, рассказав, что из соседней части[5] придут летчики. Пашу она заметила сразу. Высокий, русый, интересный парень выделялся среди остальных военных. Он подошел к ней только в конце вечера, а после танцев провожал домой. По дороге Павел рассказал, что он детдомовский[6], из Одессы, вспоминал о своем детстве, она говорила о раненых, о войне, которая помешала ее учебе в мединституте, о больной маме.

Через неделю после знакомства они решили пожениться. Все вокруг пытались объяснить, что война — не время для счастья, но, когда видели Пашу с Клавой, разговоры умолкали.

Их счатье длилось несколько месяцев. Клава работала, Павел учился на курсах, а вечером они гуляли вдвоем, мечтали о том, сколько у них будет детей, и любили друг друга. Любили так, словно каждый день был последним. Они ни разу не заговорили о том, что скоро Паша отправится на фронт, и вообще старались не говорить о войне. А на прощание Клава серьезно сказала Павлу: «Тебя будет охранять наша любовь, поэтому с тобой ничего не случится».

Пропавший без вести?

Время для нее потянулось невыносимо медленно. Единственной радостью стали письма мужа, которыми он забрасывал[7] ее почти каждый день. Нередко с фронта приходили посылки с продуктами, хотя Павел оставил Архиповым свой офицерский денежно-вещевой аттестат[8], который практически спас жизнь ослабевшей от болезни маме Клавдии. Еще Павел присылал фотографии. На одной Паша в кожаной куртке, на которой приколот[9] только что полученный орден Красной Звезды. Он написал тогда, что тот бой, за который офицер получил награду, он посвятил любимой. И на ордене нацарапал[10]: «Клаве посвящаю»...

Он думал о ней каждую секунду — во время полетов, в бою, на отдыхе. Все вокруг знали, что командир эскадрильи[11] 230-го штурмового авиаполка[12] Павел Мельник воюет не «за Родину — за Сталина», а за эту красавицу с большими ясными глазами.

12 января 43-го года началась операция по прорыву блокады Ленинграда[13]. 14-го во время боевого вылета Павел разгромил пять немецких эшелонов[14] под городом. 15-го числа его эскадрилья вылетела на поддержку пехоты в район Синявина. Она израсходовала[15] все боеприпасы и уже возвращалась на базу, когда самолет Мельника отбили и погнали в сторону Ладоги. Шансов на спасение практически не было — Павел летел без стрелка и парашюта.

Из того боя Павел Мельник не вернулся. Однополчане не хотели верить в гибель командира, надеялись на чудо — на войне всякое бывает. Лейтенанта представили к ордену Боевого Красного Знамени[16]. Только 22 февраля его исключили из состава полка как пропавшего без вести. Кто-то из летчиков написал письмо жене Мельника: так и так[17], мол, пропал без вести, но ведь не погиб, так что надежда есть. Если бы ее, этой надежды, не было, Клава бы сразу легла и умерла от горя. Стала писать письма куда только можно, разыскивая любимого человека.

Уже и война закончилась, а Клавдия рассылала запросы, отчаявшись получить хоть какую-то весточку. Она горько жалела только об одном: почему Бог не дал ей ребенка?!

В 46-м, потеряв всякую надежду, она вышла замуж за фронтовика Виктора Чередниченко. Тот очень ревниво относился к первой любви своей супруги, поэтому настоял, чтобы в их ростовском доме не осталось ни одного письма и снимка Паши. Эти свои самые драгоценные вещи Клавдия отдала на хранение двоюродной сестре, оставив себе только маленькую фотографию Павла, которую рассматривала иногда тайком от мужа.

«Встреча»

3 декабря 2000 года ребята из питерского[18] поискового отряда МИФ (молодежный исторический фонд) обнаружили в районе Синявинских торфяных разработок[19] останки летчика. Он был пристегнут ремнями безопасности у бронеспинке[20] самолета. Очень хорошо сохранились вещи летчика — гимнастерка[21], кожанная куртка, мундштук[22], часы, карманный компас, женская фотография и орден Красной Звезды, на котором было выцарапано: «Клаве посвящаю». По номеру на ордене удалось установить личность летчика — Мельник Павел Мартьянович. Начались поиски родственников погибшего, и через какое-то время поисковики вышли на Клавдию Арсентьевну.

Тот звонок словно перечеркнул[23] почти 60 лет, которые Клавдия прожила без Павла. Мужской голос по телефону сообщил ей, что под Петербургом обнаружены останки ее мужа. Клавдия Арсентьевна очень удивилась: Виктор умер в 97-м году и похоронен на ростовском кладбище. Она даже подумать не могла, что речь идет о Павлуше. А когда поняла, разрыдалась в трубку и долго потом не могла успокоиться. Ростовские поисковики рассказали ей о находке, о том, что женщину приглашают на захоронение останков, а оставшиеся вещи Павла по праву принадлежат ей. Жизнь перевернулась. Клавдия Арсентьевна будто снова пережила те короткие месяцы безумной любви и счастья и щемящую[24] тоску от утраты дорогого человека. Она растерялась, откровенно признаваясь близким: «Я чувствую себя предательницей по отношению к Вите, ведь теперь каждую секунду думаю о Паше и ничего не могу с собой поделать».

79-летней женщине не под силу оказалась даже поехать на захоронение в Ленинградскую область. Вещи Клавдии Арсеньтьевне должны были передать 7 мая, перед праздником Победы. К визиту поисковика женщина готовилась так, словно ждала самого Павла. Она долго стояла перед зеркалом, разглядывая свои морщинки. Ведь Паша остался в ее памяти молодым и красивым, в своем же отображении она узнала лишь тот блеск в глазах, который не угасил все время, пока она не потеряла любимого. Клавдия Арсентьевна достала самый лучший свой наряд, ювелирные украшения, накрыла стол. До прихода гостя оставалось меньше часа, когда Клавдия внезапно почувствовала, что голову словно сжали крепкие тиски. Ее сердце не выдержало всего, что пришлось пережить за последнее время. Два дня Клавдия Арсентьевна лежала в забытьи и в бреду все время звала Павлика. 9 мая она умерла. Через 60 лет она наконец-то встретилась со своей большой любовью.

1. бомбардировщик	战斗机
2. переправы	渡口
3. Днепр	第涅伯河,位于乌克兰境内
4. штурмовик	强击机飞行员
5. часть	部队,军队的一部分
6. детдомовский	детдом(保育院)的形容词
7. забрасывать — забросать кого-что чем	填满,投满,此处指寄来许多信
8. офицерский денежно-вещевой аттестат	(军事机关)军人或军属领款或领物品的凭单
9. приколот	动词 приколоть 的被动形动词短尾
10. нацарапать	(用尖利的东西)划出
11. эскадрилья	〈空,军〉中队

12. штурмовой авиаполк	强击航空团
13. операция по прорыву блокады Ленинграда	突破对列宁格勒封锁的战役
14. эшелон	军用列车
15. израсходовать — расходовать	耗尽。此处的 она 指 эскадрилья
16. представить (кого к чему) к ордену боевого Красного Знамени	呈请授予……红旗战斗勋章
17. так и так	(与 мол, дескать 连用)如此这般(用于转述别人的话)
18. питерский	〈俗〉彼得堡的
19. торфяные разработки	泥炭(煤)开采地点
20. бронеспинка	带装甲的椅子靠背
21. гимнастёрка	军便服
22. мундштук [нш]	烟嘴
23. перечеркнуть	完全勾销
24. щемящий	令人感到沉重的

Задания

1. Отметьте «Да» или «Нет».

1) Клава и Павел познакомились в 1941-м году на курсах лётчиков — штурмовиков.

2) Клава работала в местном госпитале врачом.

3) Через неделю после знакомства они поженились.

4) Их счастье длилось несколько дней.

5) Повел воевал не за «Родину — за Сталина», а за жену Клавдию.

2. Закончите предложения, пользуясь материалом текста.

1) Младший лейтенант Павел Мельник, выпускник училища гражданской авиации...

2) По дороге Павел рассказал, что...

3) А на прощание Клава серьезно сказала Павлу: «...»

4) Однополчане не хотели верить в гибель командира, ...

5) Лейтенанта представили к ордену Боевого Красного Знамени. Только 22 февраля...

6) Она долго стояла перед зеркалом, ...
7) Клавдия Арсентьевна достала самый лучший свой наряд, ...
8) Ее сердце не выдержало всего, что...

Урок 21

Текст 1

В России наркотики употребляют уже семилетние дети

Массовая наркотизация населения России, и прежде всего молодого поколения, является на сегодняшний день одной из самых острейших проблем нашего общества. По мнению специалистов, причины наркомании нужно искать в духовности общества, в котором мы с вами живем, а также в душе человеческой. По данным Управления по борьбе с незаконным оборотом наркотиков[1] МВД[2] РФ, за последние несколько лет наркоманы России сильно «помолодели» — уже 7-летние дети стали баловаться столь опасным для жизни человека зельем[3].

Особо актуальна эта проблема накануне Международного дня борьбы с наркоманией. В эти дни по всему миру идут различные мероприятия, посвященные этой теме. В частности, в Москве проходит Всемирный конгресс антинаркотических сил «В XXI веке без наркотиков», в работе которого приняли участие представители практически всех стран мира. Непосредственное участие принимает Государственный комитет РФ по молодежной политике. Одним из приоритетных направлений в своей работе комитет считает проведение комплексной и системной работы по профилактике наркомании среди молодежи. Главной задачей на сегодняшний день для многих медицинских центров и фондов является реабилитация[4] наркоманов. По выходе из подобного рода лечебных учреждений вылечившийся наркоман сталкивается с огромным количеством проблем. Именно поэтому, помощь нужно оказывать не только в медицинской, но и в трудовой, и правовой сферах.

По словам начальника Управления по борьбе с незаконным оборотом наркотиков МВД РФ Александра Сергеева, «сейчас нет ни одного российского региона, в котором нет наркоманов (например, героин распространяется на территории 68 регионов России)».

Как сказал председатель Госкомитета РФ по молодежной политике, сейчас в России существует федеральная целевая программа «Молодежь России». Несмотря на то что ей указом президента РФ присвоен статус президентской, денег на ее реализацию все также не хватает[5].

Как ожидается, проблема наркомании будет обсуждаться и на ближайшем совешании Совета безопасности РФ о мерах по противодействию незаконному обороту наркотиков, которое состоится 29 июня. На заседании предполагается дать оценку «наркоситуации» в России и обсудить дополнительные меры по противодействию незаконному обороту наркотиков и злоупотреблению ими.

1. Управления по борьбе с незаконным оборотом наркотиков	反麻醉剂非法流通局
2. зелье	古时对草木、禾本等物的称呼,此处指毒品
3. Международный день борьбы с наркоманией	国际禁毒日(每年的6月26日)
4. реабилитация	恢复健康
5. Несмотря на то что ей указом президента РФ присвоен статус президентской, денег на ее реализацию все также не хватает.	尽管俄罗斯联邦总统的命令赋予这个计划总统级别,但完成这一计划的钱仍然不够

Задания

Ответьте на вопросы по тексту.

1) Что является на сегодняшний день одной из самых острейших проблем общества России?
2) В чем заключаются причины наркомании?
3) Что является главной задачей для медицинских центров и фондов?
4) Какая федеральная целевая программа существует в России?

Текст 2

Что думают московские школьники о благотворительности

Российский институт гражданского общества решил выяснить, «Что московские школьники знают и думают о благотворительности», и попросил учащихся 5–11-х классов написать свободное сочинение на эту тему. Работы были получены, обработаны, и вот что получилось. Старшеклассники (9–11-е классы) расценивают благотворительность чаще всего как материальную помощь или денежное пожертвование кому-то или чему-то. «Благотворительность — это когда твои друзья помогают тебе в разных случаях», «материальная помощь обездоленным, нищим, людям, попавшим в беду, передача средств на строительство школ, больниц, компенсация ущерба при наводнении». Ребята из 5–8-х классов сие понятие характеризуют по-иному: «Это разнообразная помощь тем, кому в жизни повезло меньше, чем другим», «раздача бесплатных обедов, одежды, сбор денег на какие-либо нужды».

Как показал анализ сочинений, 90 процентов подростков относятся к благотворительности положительно. И пишут: «Она нужна». Оставшиеся 10 процентов заявляют: «Я ничего не знаю ни про какую благотворительность и не знаю, нужна она или нет. Со мной никогда не случится ситуации, когда мне потребуется такая помощь. А проблемы, появившиеся в жизни, буду решать только сама». Встречались и такие суждения: «Благотворительность в нашей стране находится на начальной стадии своего развития, поскольку жители России заняты самовыживанием, у них не доходят руки до помощи кому-то».

Очень четко назвали школьники тех, кто должен заниматься благотворительностью. На первом месте — богатые люди, финансовые воротилы¹, «новые русские», банкиры. На втором — деятели искусства: звезды эстрады, кино и телевидения, певцы. На третьем — те, кого можно назвать «просто добрые люди». «Благотворительностью занимаются только очень добрые люди, которые раздают практически все нуждающимся, оставляя себе только самое ценное, например, кольца и ожерелья умершей бабушки. Меньше всего благотворительностью должны заниматься политические деятели и кандидаты в президенты».

В каждой работе перечисляется несколько «объектов», которым просто необходимо оказывать помощь. В этом списке лидируют детские дома, приюты, заведения для сирот и малышей, оставшихся без попечения родителей, дома престарелых. Далее следуют культовые учреждения — церкви, храмы, монастыри. Во многих сочинениях ребята пишут, что приветствуют строительство храма Христа Спасителя[2], каких бы затрат это ни стоило.

Разошлись мнения школьников в вопросе: стоит ли подавать нищим? Одни считают, будто среди них много «ложных нищих», на самом деле в деньгах не нуждающихся. «Однажды я ехал в метро, и в вагон вошла женщина с ребенком. А за несколько секунд до нее вошел мужчина с гармонью. Мужчина стал драться с женщиной, крича: «Вагон мой». Эта сцена показала мне, каковы нравы среди ложных нищих, они дерутся, как звери, из-за территории». Другие предлагают помогать не всем нищим, а только тем, кто по состоянию здоровья действительно не может работать. Остальным стоит просто найти работу. Третьи заявили: «Тот, кто хочет дать деньги бедному, должен делать это очень аккуратно. Человек, стоящий с протянутой рукой, и так чувствует себя унизительно».

«Кто же нуждается в благотворительной помощи?» Чаще всего ребята называют детей, пожилых людей и инвалидов. «Я думаю, что нужно обязательно помогать детям в детских домах, потому что у меня есть карманные деньги, компьютер и т. д., а у этих детей ничего подобного нет. Но ведь им же этого хочется».

В каком виде лучше всего оказывать благотворительную помощь? 65 процентов считают, что она должна быть выражена в деньгах или в натуральной форме[3], например, вещами, продуктами, бесплатным питанием, медикаментами, жильем и игрушками. Остальные, напротив, уверены, что она должна выражаться в нематериальной помощи, то есть в психологической и моральной поддержке, в лечении больных людей, в создании дополнительных рабочих мест для безработных.

Практически пополам разделились мнения школьников о том, почему люди занимаются благотворительностью. Одни уверены: это делается абсолютно бескорыстно. Другие полагают, что помощь скорее всего оказывается из соображений выгоды или саморекламы. «Заниматься благотворительностью в наше время — верный способ подкупить народ. Люди, слыша о многомиллионных суммах пожертвования на то или иное дело, не станут задавать вопросы, откуда деньги». «Я не считаю благотворительностью деятельность тех коммерсантов, которые дают деньги на сиротские дома и оказывают помощь бедным, получая за это налоговые льготы. Мне кажется, это не благотворительность, а простая сделка между ними и государством».

Кстати, о государстве. Почти все подростки полагают, что государство не оказывает необходимой помощи нуждающимся. «Государство почему-то не всегда может найти денег для бедных. Вот для себя-то чиновники точно находят», «Непонятно, что случилось с нашим государством. Раньше оно оказывало помощь разным странам, а теперь все подряд дают деньги нам. По-моему, жить на таких подачках достаточно унизительно».

1. воротила	大老板，大亨
2. храм Христа Спасителя	救世主大教堂，位于莫斯科市中心
3. в натуральной форме	以实物形式

Задания

1. Прочитайте предложения, поставьте по тексту пропущенные слова или выражения.

1) Российский институт гражданского общества решил выяснить, _____ и попросил учащихся 5–11-х классов написать свободное сочинение на эту тему.

2) Старшеклассники (9–11-е классы) расценивают благотворительность чаще всего как материальную помощь или _____.

3) Очень четко _____ школьники тех, кто должен заниматься благотворительностью.

4) В каждой работе _____, которым просто необходимо оказывать помощь.

5) В этом списке _____ детские дома, приюты, заведения для сирот и малышей, оставшихся без попечения родителей, дома престарелых.

6) Одни считают, будто среди них много _____, на самом деле в деньгах не нуждающихся.

2. Закончите предложения, пользуясь материалом текста.

1) Как показал анализ сочинений, ...
2) Разошлись мнения школьников в вопросе: ...
3) Другие предлагают помогать не всем нищим, а...
4) 65 процентов считают, что...
5) Остальные, напротив, уверены, что...
6) Практически пополам разделились мнения школьников о том, ...

Текст 3

Гувернантки возвращаются

Толковый словарь русского языка объясняет значение слова «гувернантки», как «воспитательница детей, приглашенная в семью, часто иностранка». В царской, да и в советской России долгое время было принято поручать гувернантке воспитание подрастающего поколения: обучение детей языкам, азам науки[1], хорошим манерам, прилежанию. Постепенно о гувернантках забыли, а их обязанности прочно легли на плечи бабушек и школьных учителей. В наше время бабушки стремительно молодеют, учителя перепрофилируются[2] на более денежные профессии, а в нашу жизнь вновь возвращается понятие «гувернантка».

В Москве нетрудно найти организации, занимающиеся подбором гувернанток или частных лиц, предлагающих подобную услугу. Достаточно полистать любой из женских журналов или газету объявлений. Один звонок — и назавтра перед вашим взором предстанет не один десяток кандидаток.

Цены на работу гувернантки давно устоялись. От 1,5 до 2 долл. за 1 час. В месяц при пятидневной рабочей неделе это составляет примерно 300–400 долл. Если детей двое, сумма увеличивается в полтора раза. В обязанности гувернантки входит обучение ребенка иностранному языку, сопровождение его в школу, в кружки или секции и обратно, проверка домашней работы и прогулка. За то, что гувернантка покормит ребенка обедом или разогреет еду, придется платить дополнительно, по договоренности.

Если кто-то ставит перед собой задачу пригласить в дом гувернантку-иностранку, он вряд ли сумеет найти урожденную англичанку, француженку или итальянку, которая согласится жить и работать в Москве за 300-400 долл. в месяц. Скорее всего, придется ограничиться представительницами ближнего зарубежья. Их услуги стоят дешевле, чем услуги москвичек. Связано это с тем, что приезжим трудно устроиться в столице по своей основной специальности учительницы или воспитательницы.

Кстати, именно женщинам этих профессий стоит отдать предпочтение при выборе подходящей кандидатуры[3]. Обучить ребенка иностранным языкам, литературе, искусству, техническим наукам может лишь тот, кто умеет и любит это делать. Не менее важно, чтобы гувернантка обладала и другими достоинствами. Например, интеллигентностью и культурой. Научить считать можно и медведя, другое дело — привить ребенку любовь к наукам, музыке, живописи, чтению.

Чтобы не попасть впросак[4] при выборе гувернантки и не оказаться жертвой мошенников, не приглашай в дом человека «с улицы». Лучше обратиться в агентство по трудоустройству или специализированную организацию, занимающуюся подбором гувернанток. В любом случае потребуйте, чтобы вам предоставили рекомендации, отзыва психологов и медициские документы. А еще лучше пригласить гувернантку, прежде работавшую в доме друзей или родных.

Гувернантка и ребенок проводят вместе большую часть времени. Поэтому важно, чтобы появившийся в доме человек был добр, отзывчив, любил и уважал детей. Если гувернантка «выуживает»[5] из вас деньги за каждый свой шаг, не стоит соглашаться на ее услуги. Дети все повторяют за взрослыми. Поэтому важно, чтобы гувернантка разговаривала на хорошем литературном языке, чтобы ее манера поведения и образ мыслей вызывали уважение и были такими, какие вы хотели бы воспитать в своем ребенке.

И самое главное — постарайтесь сделать так, чтобы подросток знал и верил, что вы не перестали любить его и не бросили на попечение⁶ чужого человека.

1. азы науки	科学基础知识
2. перепрофилироваться	转变专业
3. Кстати, именно женщинам этих профессий стоит отдать предпочтение при выборе подходящей кандидатуры	在选择候选人时恰恰应首选有这样职业, (指中小学或幼儿园教师)的女性
4. попасть впросак	上当,陷入窘境
5. выуживать	(用狡计方法)得到
6. попечение	照顾,抚养

Задания

Закончите предложения, пользуясь материалом текста.

1) Постепенно о гувернантках забыли, а их обязанности прочно...

2) Один звонок — и назавтра перед вашим взором...

3) В обязанности гувернантки входит...

4) Обучить ребенка иностранным языкам, литературе, искусству, техническим наукам может лишь тот, ...

5) Не менее важно, чтобы гувернантка...

6) Чтобы не попасть впросак при выборе гувернантки и не оказаться жертвой мошенников,...

7) В любом случае потребуйте, чтобы вам предоставили...

8) И самое главное — постарайтесь сделать так, чтобы подросток знал и верил, что вы...

Текст 4

Пышный уход со школьного двора

Выпускные балы все больше напоминают демонстрацию мод

В этом году более 57 тысяч выпускников покинули стены родных школ и вошли во взрослую жизнь. По сложившейся традиции, в ночь с пятницы на субботу уже бывшие школьники праздновали окончание средних общеобразовательных учреждений. Как обычно, около восьми часов вечера в актовых залах началось вручение аттестатов. Вместе с ними выпускникам в этом году дарили и томик стихов Александра Сергеевича Пушкина в позолоченном[1] переплете с памятными надписями педагогов. Как известно, выпускной бывает раз в жизни, и к этому празднику школьники начинают готовиться заранее. Молодые люди вместе с мамами ищут новые костюмы, а девушки — красивые платья. С каждым годом наряды выпускниц становятся все шикарнее и шикарнее. Если раньше девушки подбирали платья с расчетом на то, чтобы потом его можно было надеть еще на какое-нибудь торжество, то сейчас выход выпускниц больше напоминает демонстрацию последней коллекции известного модельера. Как мне доверительно сообщила одна из выпускниц столичной школы, стоимость нарядов ее одноклассниц в этом году варьировалась от полутора тысяч рублей и выше[2].

За количеством спиртного на выпускном балу у школьников учителя следят с пристальным вниманием, но, как и два, и три, и пять лет назад, в этом году молодые люди придумывали все новые способы транспортировки алкоголя к праздничному столу. Юноши прятали бутылки во внутренних карманах пиджака, девушки — среди пышных складок платья. Результат известен — заветную бутылку наметанный глаз[3] педагога обнаруживал сразу, но выпускнику, как уже взрослому человеку, разрешалось поставить ее на стол. За состоянием здоровья подростков продолжали зорко следить учителя и родители. Несмотря на это, ближе к утру в некоторых окнах уже виднелись молодые люди, которых высовывали[4] подышать свежим воздухом, чтобы они хоть немного протрезвели. Сами же учителя, следуя старой привычке, наливали в чайник коньяк и пили его как ни в чем не бывало[5].

В выходные школьники гуляли на Красной площади, Воробьевых горах, Поклонной горе. Некоторые совершали прогулки на речных трамвайчиках. Все проходило мирно и спокойно, выпускники не хулиганили и в драках замечены не были, сообщили корреспонденту в ГУВД[6] столицы.

1. позолоченный	烫金的
2. варьировалась от полутора тысяч рублей и выше	(价格)徘徊在1500卢布或更高
3. наметанный глаз	老练的眼睛
4. высовывать	伸出, 探出
5. как ни в чем не бывало	若无其事
6. ГУВД	Городское управление внутренних дел 市内务部

Задания

Отметьте «Да» или «Нет».

1) В этом году более 57 тысяч выпускников окончили школы.
2) По сложившейся традиции выпускники празднуют окончание средних общеобразовательных учреждений.
3) В этом году выпускникам вместо аттестатов вручили томик стихов А. С. Пушкина.
4) В выходные школьники гуляли на Красной площади, Воробьевых горах, Поклонной горе.

Урок 22

Текст 1

Студенческие общежития Москвы эпохи рынка

Все иногородние студенты, успешно сдавшие вступительные экзамены, могут рассчитывать на проживание в общежитии. Общежития столичных вузов, руководствуясь одними и теми же инструкциями[1], тем не менее отличаются друг от друга. Что касается сходства, то его немало. Самое главное — все высшие учебные заведения располагают достаточным количеством мест, чтобы разместить всех нуждающихся, а некоторые представляют общежитие даже жителям Московской области.

Одна из общих черт всех общежитий — относительная простота оформления документов на проживание в них. Все происходит за один день. Студент приносит справку с факультета, выписку из приказа о зачислении, заявление и квитанцию об оплате госпошлины. Ему тут же выдают ордер на комнату, и он заполняет документы для оформления временной регистрации в Москве. Обычно заселение студентов проходит в конце августа, и в эти дни администрация общежития работает до самого вечера, чтобы юношам и девушкам не пришлось ночевать на вокзале.

Оплата проживания для студентов, обучающихся бесплатно, составляет повсеместно 3–5% от стипендии, но не должна превышать 60 руб. Для студентов, обучающихся на платной основе, эта сумма в каждом институте разная, но не более 100 долл. в месяц.

Во всех общежитиях круглосуточная охрана.

Головная боль всех общежитий — это ремонт помещений. В вузах побогаче он проходит более интенсивно, в других из-за отсутствия средств его делают только в случаях крайней необходимости. Бюджетных средств не хватает всем, и объем ремонтных работ и их качество зависят от изобретательности дирекции. Успешнее других с этими проблемами справляются в МГИМО².

ПРОРЕКТОР МГИМО ВИКТОР СТЕПАНОВИЧ КАРПЕНКО: ПРЕЖДЕ ВСЕГО МЫ ОТСТАИВАЕМ ПРАВА НАШЕГО СТУДЕНТА

Общежития МГИМО по праву можно считать одними из лучших. Средства на ремонт поступают от платы за образование (в среднем один год обучения в МГИМО стоит 5000 долл.). Институт имеет три корпуса, в которых проживает около тысячи студентов. Один корпус — 14-этажное здание — находится на территории института (м. «Проспект Вернадского»), второй — у метро «Теплый Стан», и третьим корпусом считается арендуемый у жэка подъезд жилого дома рядом с м. «Профсоюзная».

Это общежитие, как, впрочем, и многие другие, построено по блочной системе. Каждый блок — это две комнаты, рассчитанные на 2–3 человека, маленькая прихожая со встроенными шкафами и совмещенный санузел. Во всех комнатах — стандартный набор мебели: кровать, письменный стол у окна, книжная полка, платяной шкаф.

Любой студент может установить в своей комнате телевизор, который принимает 15 каналов, индивидуальный номер телефона и другую бытовую технику. Практически в каждом номере имеются электрочайник, микроволновая печь, холодильник, кое-где компьютеры. Если раньше была проблема с напряжением, то после ремонта эта проблема отпала.

На каждом этаже есть кухни, рассчитанные на несколько комнат, но ими в последнее время редко пользуются, поскольку в общежитии работает столовая. И еще есть буфет, который работает до 23 часов.

Руководство общежития старается расселять младшекурсников в отремонтированные номера, одновременно подписывая с ними договоры о материальной ответственности за причиненный ущерб. После окончания обучения молодой человек уезжает, в комнате делают косметический ремонт³, и туда заселяют новичка.

Студенты, обучающиеся на коммерческой основе, платят от 50 до 100 долл. за одноместные комнаты. Если у студента возникают денежные затруднения, его временно могут переселить в более дешевый номер. Иностранцы платят такую же сумму, и очень часто они живут вместе с русскими.

На время⁴ сдачи вступительных экзаменов абитуриентам тоже предлагается общежитие.

В общежитии есть и гостевые номера для родственников стоимостью 80 руб. в сутки, но родные могут находиться здесь не больше недели.

В каждом здании круглосуточно, как мы уже говорили, дежурят охранники из числа студентов, по ночам они ходят по этажам. Хотя никто не запрещает приводить гостей, но настоятельно просят не задерживаться дольше полуночи.

Именно заботой о студентах объясняется строгий запрет на проживание в общежитиях супружеских пар и тем более маленьких детей. Наверное, потому здесь тишина, покой и чистота.

В ближайшее время планируется открыть продуктовый магазин, прачечную и даже Интернет-кафе.

Лидирующее положение среди столичных вузов обязывает и МГУ содержать в хорошем состоянии свои общежития⁵, в которых проживает рекордное число студентов — около 13 тыс.

ЗАМЕСТИТЕЛЬ НАЧИЛЬНИКА УПРАВЛЕНИЯ ОБЩЕЖИТИЯМИ МГУ АНДРЕЙ АНАТОЛЬЕВИЧ ВОДОЛАЗСКИЙ: СТУДЕНТА, КОТОРЫЙ БУДЕТ НАРУШАТЬ ПРАВИЛА, МЫ МОЖЕМ ПЕРЕСЕЛИТЬ В ДРУГОЕ ОБЩЕЖИТИЕ БЕЗ ЕГО СОГЛАСИЯ

Всего университет имеет 7 студгородков, которые расположены недалеко от университета: на Ломоносовском проспекте, в высотном здании МГУ, на проспекте Вернадского, на улице Шверника, а также у м. «Шаболовка»⁶ и м. «Ясенево» (в последних двух местах под общежития арендованы подъезды обычных жилых домов). На улице Кравченко находится семейное общежитие.

По мнению студентов, лучшим является общежитие в высотном здании МГУ. Здесь живет около 5000 студентов, аспирантов, в том числе иностранцев.

Большинство комнат — двухместные, площадью 12 кв. м. Есть и одноместные, в которых живут иностранные и российские студенты, обучающиеся на платной основе. Их стоимость — 70 долл. в месяц, и они незначительно, но все-таки отличаются от других номеров. Там недавно сделан ремонт, стоит мягкая мебель, в некоторых есть телефон.

Во всех без исключения комнатах дубовая мебель, сделанная по спецзаказу для общежития МГУ и учитывающая их размеры. Письменные столы на первый взгляд небольшие, но у них откидная доска и множество всевозможных ящичков и полочек. Эта мебель была изготовлена в 1953 году и еще ни разу не менялась, только время от времени ремонтируется.

В каждом корпусе есть резервные комнаты для абитуриентов и родственников, приезжающих очень часто. Срок пребывания родных в общежитии ограничен 5–7 днями, оплата — из расчета одной минимальной зарплаты в месяц.

Размещение студентов происходит по факультетскому принципу, т.е. каждый факультет имеет определенное количество комнат в каждом студгородке, и вопросы расселения решаются на факультете в процессе сдачи экзаменов. Поэтому студенты, аспиранты, абитуриенты, иностранцы живут рядом. В конце каждого учебного года факультетское начальство вместе с представителями органов студенческого самоуправления занимается переселением студентов. Иногда учащийся узнает об этом только тогда, когда видит приказ о своем переселении на доске объявлений.

Переселение студентов происходит из-за того, что в разных корпусах условия проживания неодинаковы. Например, в высотном здании МГУ на каждые две комнаты предусмотрена одна ванная комната, а в Ясеневе комнаты расположены по коридорной системе, т.е. на одном этаже две умывальные комнаты, две кухни.

Иногда студентов переселяют и по другой причине — систематические нарушения правил проживания, по которым, например, нельзя держать в комнатах бытовую технику или посторонним запрещено находиться в общежитии позднее 23 час.

В основном студенты ведут себя спокойно, конфликты крайне редки. Все прекрасно понимают, что благодаря общежитию они могут жить и учиться в Москве.

ПРОРЕКТОР МОСКОВСКОГО ГОСУДАРСТВЕННОГО ТЕХНИЧЕСКОГО УНИВЕРСИТЕТА ИМЕНИ БАУМАНА ЛЕОНИД ГРИГОРЬЕВИЧ ПОПОВИЧ: ЕСЛИ СТУДЕНТА ОТЧИСЛЯТ ИЗ ИНСТИТУТА, МЫ НЕ ВЫСЕЛЯЕМ ЕГО ИЗ ОБЩЕЖИТИЯ, ТЕМ САМЫМ ДАЕМ ШАНС ВОССТАНОВИТЬСЯ И ЗАКОНЧИТЬ ВУЗ

Как бы ни старались директора общежитий, условия проживания в разных корпусах отличаются, и самыми лучшими оказываются здания, расположенные рядом с главным учебным корпусом. Если студент не попал в это здание, можно сказать, что ему не повезло, и он будет тратить время и деньги на дорогу.

Однако по-настоящему не повезет тому, кого поселят в одном из общежитий МГТУ[7], расположенном в поселке Ильинка. В этом поселке восемь двухэтажных деревянных домиков, в каждом проживает по 50 человек. В основном здесь живут аспиранты или семейные пары с детьми. Природа изумительная, чистый воздух, но есть проблема — это дорога. До станции надо идти пешком чуть больше километра, потом на электричке до Казанского вокзала 40 минут и еще полчаса до института на метро. Билет на электричку в один конец стоит 3 руб. для студента. Раньше институт оплачивал эти расходы, сейчас, к сожалению, не в состоянии это делать, поэтому ездить каждый день получается очень накладно.

Еще четыре корпуса общежитий находятся в Москве: два — недалеко от метро «Бауманская», одно — в Измайлове, и у м. «Бибирево» институт арендует два подъезда в 10-этажном жилом доме. Всего в общежитиях проживает около 4 тыс. иногородних учащихся.

В этих корпусах обычные двух-трехместные комнаты, в которых стоит одинаковая мебель, бытовая техника и много компьютеров (такой уж институт!), общие кухни на несколько комнат. Порядки достаточно либеральные, ограничений для посетителей практически нет, живущие студенты могут возвращаться в общежитие беспрепятственно в любое время.

Здесь студент может проживать в общежитии некоторое время, даже если его отчислили, но он собирается восстанавливаться в следующем году (такого нет в других вузах — там выселяют сразу после подписания приказа об отчислении).

Студенты, обучающиеся на платной основе, платят примерно 250 руб. в месяц. Для иностранцев плата такая же, но, в отличие от других вузов, они не живут вместе с русскими учащимися.

Есть возможность проживания для абитуриентов. Предусмотрены номера и для родственников, но их очень мало, поэтому родные могут жить не более трех дней, оплата проживания — 10-12 руб. в сутки. Единственное, что требуется от родственников, — уладить с милицией вопросы о временной регистрации.

Администрация старается периодически делать ремонт и всячески поощряет желания студентов самостоятельно ремонтировать свои комнаты.

ПРОРЕКТОР МОСКОВСКОГО ГОСУДАРСТВЕННОГО ПЕДАГОГИЧЕСКОГО УНИВЕРСИТЕТА ВЛАДИМИР АЛЕКСАНДРОВИЧ ГАФНЕР: ОБЩЕЖИТИЯ — ЭТО ПЕРЕЖИТОК СОЦИАЛИЗМА

Не очень оптимистично настроен проректор педуниверситета.

«Никто не спорит, что общежития — это спасение для иногородних студентов и единственная возможность учиться в Москве, но денег на содержание общежития не выделяют. Доходы от платного образования не покрывают расходов, а про ремонт уже никто и не говорит. Однако нас постоянно проверяют то пожарное управление, то санэпиднадзор[8], то милиция. Например, чтобы нам продлили лицензию, нужно каждый год проводить определенные ремонтные работы, а у нас подчас нет денег, чтобы оплачивать коммунальные услуги».

Здесь нашли своеобразный выход из этой ситуации: администрация предлагает родителям новых студентов в комнате, в которой их дети будут жить ближайшие пять лет, сделать косметический ремонт. И практически все родители идут на это.

Иногда дирекция сдает нежилые помещения в аренду[9], так появляются средства на мелкий ремонт зданий. Но этого явно не хватает, хотя уборщицы и стараются поддерживать чистоту.

Общежитие педагогического университета имеет четыре корпуса: два — у м. «Войковская» и два — около университета, в районе м. «Юго-Западная». Один корпус, расположенный рядом с университетом, предназначен для аспирантов, другой — для студентов старших курсов.

Так получилось, что заселение в студенческом корпусе идет по этажам, и все уже знают, что, например, 4-й этаж — это физический факультет, 12-й — факультет иностранных языков. Это связано с тем, что некоторые факультеты самостоятельно ищут спонсоров, которые помогают им отрамонтировать свои помещения.

Блочная система комнат, кухня общая, набор мебели стандартный. В комнатах стоят бытовые приборы, у многих есть телевизоры. Телефоны только на первом этаже. В общежитии всегда были серьезная охрана и строгая пропускная система. Это связано с тем, что 80% студентов института — девушки.

Всем абитуриентам предоставляется общежитие, проблем для проживания семейных пар с детьми нет; правда, в последнее время детей стало очень мало.

1. руководствоваться одними и теми же инструкциями	遵循同样的工作细则
2. МГИМО	Московский государственный институт международных отношений 国立莫斯科国际关系学院
3. косметический ремонт	装修(指粉刷、油漆、裱糊)
4. на время	在……时候(只用于少数词组)
5. Лидирующее положение среди столичных вузов обязывает и МГУ содержать в хорошем состоянии свои общежития	莫斯科大学在首都高校的领先地位,使得它有责任保持有良好的宿舍
6. Шаболовка	地铁站 Шаболовская
7. МГТУ	Московский государственный технический университет 国立莫斯科技术大学
8. санэпиднадзор	卫生防疫监督机构
9. сдать нежилые помещения в аренду	把非住宅楼出租

Задания

Закончите предложения, пользуясь материалом текста.

1) Общежития столичных вузов, руководствуясь...
2) Самое главное — все высшие учебные заведения располагают достаточным количеством мест, ...
3) Обычно заселение студентов проходит в конце августа, и в эти дни администрация общежития работает до самого вечера, ...
4) Любой студент может установить в своей комнате телевизор, ...
5) После окончания обучения молодой человек уезжает, ...
6) В общежитии есть и гостевые номера для родственников стоимостью 80 руб. в сутки, ...
7) Письменные столы на первый взгляд небольшие, ...
8) Порядки достаточно либеральные, ограничений для посетителей практически нет, ...
9) Предусмотрены номера и для родственников, но их очень мало, ...
10) Это связано с тем, что некоторые факультеты самостоятельно ищут спонсоров, ...

Урок 23

Текст 1

Петр 1 (1672 — 1725)

Среди русских царей выдающейся личностью был царь Петр 1. Его реформаторская деятельность сыграла огромную роль в истории России.

Когда Петр был ребенком, страной правила его старшая сестра Софья. Она не хотела отдавать власть подрастающему брату и настроила войско (стрельцов) против законного царя. Но Петр сумел избежать покушения на свою жизнь, сверг с престола Софью и заключил её в монастырь. В то время Петру было уже 17 лет. Он проводил время со своими сверстниками, учился военному искусству, строил земляные крепости. Потом он увлёкся кораблями, сам научился строить их и в результате очень полюбил морское дело.

Став царем, Петр 1 не стал жить так, как прежние цари. Он серьезно заинтересовался устройством современной европейской армии и всеми науками, которые для этого надо было познать. Но в России в то время не было ни нужных учителей, ни учебных заведений. Царь решил ехать учиться за границу — в Голландию и Англию. Вместе с другими молодыми людьми Пётр 1 посещает европейские фабрики и заводы, с топором в руках работает на корабельных верфях[1], изучает порядки и нравы немцев, голландцев и англичан. В Голландии он нанимает около тысячи различных мастеров и военных специалистов для устройства русской армии и отечественной промышленности.

Пётр 1 считал, что необходимо сделать страну морской державой, так как от этого зависела и ее безопасность, и торговля с другими государствами. Поэтому царь старается завоевать выходы в Черное и Балтийское моря. На Азовском море Петру удалось взять крепость Азов. В 1700 году началась длительная война со Швецией, названная Северной войной. Захватив ряд шведских крепостей, русские вскоре построили и свою крепость на Балтике — Кронштадт. А в 1703 году Петр 1 основал в устье реки Невы город

Санкт-Петербург, ставший через несколько лет столицей государства.

Шведский король Карл XII, который считался первым полководцем в Европе, начал наступление на Смоленск и Москву, а затем направился на Украину, надеясь на помощь Турции и украинского правителя — изменника Мазепы[2]. Но в решительной битве под Полтавой Петр 1 разбил шведскую армию.

После этого русские взяли крепости Ригу, Выборг и Ревель (сейчас — Таллинн) на берегу Балтийского моря. В 1721 году был подписан Ништалтский мир[3], который подвёл итоги Северной войны. Россия «прорубила окно в Европу» (как писал А.С.Пушкин). В этом же году Петр 1 принял титул императора, а Россия стала империей.

Историки описывают Петра 1 человеком очень высокого роста, необыкновенно сильным, мужественным и простым в жизни. Он не был похож на царя, скорее — на человека, который все умеет делать своими руками. Он мог быть плотником и кузнецом, корабельным мастером и строителем, но больше всего любил токарное дело и занимался им по несколько часов в день.

Петр 1 был очень неприхотлив в быту, ему нравилась простая обстановка в доме, он не любил роскоши, одевался по-европейски, не носил традиционных царских одежд. Вставал до рассвета, читал иностранные книги и газеты и шёл осматривать работы — строительство кораблей или нового города. Только после этого царь начинал заниматься государственными делами: бумагами, приемом чиновников, вельмож, просителей. По вечерам Петр приказал всем своим приближенным приходить с семьями на «ассамблеи» — так назывались бальные вечера с танцами, разговорами, различными увеселениями. Петр 1 стремился изменить традиционный русский быт, велел боярам брить бороды, одеваться в европейское платье, носить парики, знать иностранные языки. Все это с восторгом принимала молодежь, а старшее поколение относилось к новшествам как к наказанию.

Во внутренней политике России при Петре 1 происходили большие изменения. Самым важным было возникновение мануфактур[4] — производства металла, оружия, тканей и другой продукции. Строились металлургические заводы, предприятия лёгкой и тяжёлой промышленности. Многие бывшие крестьяне становились рабочими и строителями. Проводя государственные реформы, Петр 1 не жалел людей. Так, при строительстве

Санкт-Петербурга в тяжелых условиях погибли тысячи строителей. Много людей погибло и в войнах, которые вёл царь Пётр 1. В целом положение народных масс в России значительно ухудшилось. В некоторых районах страны произошли народные восстания (в Астрахани, в Башкирии, на Дону). Но все они были подавлены царскими войсками.

Пётр 1 ликвидировал Боярскую думу⁵, а в качестве высшего органа создал Сенат⁶. Появились «коллегии» (министерства) — иностранных дел, юстиции, армии, морского флота и т. д. Царь полностью подчинил государству церковь. Царь был очень твёрд и принципиален в своих действиях и не жалел тех, кто мешал его реформам. Когда его сын Алексей оказался в лагере противников, он был казнён за государственную измену.

При Петре было много сделано в области науки и культуры. Так, в Петербурге в 1725 году была открыта Академия наук с гимназией, а еще раньше открылась Морская академия. В Москве были основаны Артиллерийская, Морская, Медицинская и несколько военно-инженерных школ. Были открыты новые типографии, стали издаваться русские книги по всем отраслям наук. С 1703 года в России стала выходить первая печатная газета «Ведомости». Не было ни одной области деятельности, которой Пётр 1 не уделил бы внимания. Это и новая организация городского управления (создание магистратов), реформа местного управления (деление страны на губернии), поддержка полярной экспедиции Беринга⁷, поиски путей в Китай, Индию, создание системы каналов для водного транспорта и многое другое.

Таким энергичным, резким, весёлым, добродушным и жестоким Пётр оставался до конца своей жизни. Оценки деятельности Петра 1 до сих пор неоднозначны, спорны. Несомненно только то, что это был великий человек.

1. верфь	船坞
2. Мазепа (Иван Степанович 1644 — 1709)	乌克兰首领 (1687—1708), 1700—1721 年北方战争时期倾向于入侵乌克兰的瑞典人一方。波尔塔瓦战役 (1709) 后同查理十二世一起逃跑
3. Ништадтский мир	尼什塔特和约。1721 年 8 月 30 日俄国与瑞典为结束北方战争在芬兰的尼什塔特城缔结的和约。根据和约，瑞典承认利夫兰等领土归俄国。俄国付给瑞典补偿费用并归还芬兰

4. мануфактура	手工作坊
5. Боярская дума	大贵族杜马（彼得大帝之前由贵族组成的最高谘议机关）
6. Сенат	参政院
7. Беринг (Иван Иванович Беринг 1681—1741)	航海家，俄国海军军官(1730)。丹麦人。1725—1730 年和 1733—1741 年领导第一和第二勘察加探险队

Задания

1. Выберите правильный ответ из данных вариантов.

1) Среди русских царей самой выдающейся личностью

　а. была царица Екатерина Ⅱ.

　б. был царь Петр Ⅰ.

　в. был царь Иван Грозный.

2) Став царем, Петр Ⅰ решил ехать учиться за границу —

　а. в Голландию и Англию.

　б. в Швецию.

　в. во Францию

3) Северная война началась в

　а. 1721 году.

　б. 1703 году.

　в. 1700 году.

2. Переведите предложения на китайский язык.

1) Когда Петр был ребенком, страной правила его старшая сестра Софья.

2) Он проводил время со своими сверстниками, учился военному искусству, строил земляные крепости.

3) Потом он увлекся кораблями, сам научился строить их и в результате очень полюбил морское дело.

4) Но в России в то время не было ни нужных учителей, ни учебных заведений.

5) Петр Ⅰ считал, что необходимо сделать страну морской державой, так так от этого зависела и ее безопасность, и торговля с другими

государствами. Поэтому царь старается завоевать выходы в Чёрное и Балтийское моря.

6) Историки описывают Петра I человеком очень высокого роста, необыкновенно сильным, мужественным и простым в жизни.

7) Во внутренней политике России при Петре I происходили большие изменения.

8) При Петре I было много сделано в области науки и культуры.

9) Не было ни одной области деятельности, которой Пётр I не уделил бы внимания.

10) Оценки деятельности Петра I до сих пор неоднозначны, спорны.

Текст 2

Русские нерусские цари

Известно, что первый русский князь Рюрик[1] (даты правления 862 — 879), положивший начало династии Рюриковичей, был из варягов[2], то бишь[3] в нём текла скандинавская кровь. Его любимая и единственная жена Ефанда происходила из рода норвежских королей. От этого брака рождён был, как известно, Игорь (912 — 945), ставший князем и первым продолжателем рода Рюриковичей.

Однако некоторые учёные утверждают, что Рюрик по материнской линии был прямым внуком новгородского князя Гостомысла, а значит, хотя бы наполовину являлся русичем[4]. Другие подвергают сомнению[5] отцовство Рюрика. Не был, мол, Игорь сыном Рюрика. И кровь в нём текла славянская. Так это или нет, но всё равно потомки Игоря предпочитали брать в жёны[6] по большей части иноземок знатного происхождения. Его сын Святослав I (946 — 972) имел трёх жён, в том числе привезённую с собой ещё Рюриком скандинавку Малфред, от которой родился Владимир Красное Солнышко (980 — 1015). Последний имел уже шесть жён. Из них Рогнеда была половецкой[7] княжной[8], которая в порыве ревности[9] чуть не убила мужа, Юлия — византийская принцесса, вдова убитого Ярополка I, Анна — византийская царевна, Олова, по одним источникам, была чехиней, по другим — скандинавкой, Малфрида и Аделья — неизвестно кто, но, судя по именам, скорее всего не славянского происхождения.

Четвертый сын Владимира Ярослав Мудрый (1015 — 1017, 1019 — 1054), на одну половину скандинав, на другую — половец, заняв престол, принялся развивать внешнеполитические связи с Европой. Для начала он взял себе в жены Ингигерду, дочь шведского короля Олафа Шетконунга. Перед смертью она постриглась в монахини[10], а зетем была канонизирована[11] Русской православной церковью под именем Святой Анны, как первая русская княгиня, принявшая постриг. Всех трех своих дочерей Ярослав Мудрый выдал замуж в королевские дома Европы: Елизавета стала женой норвежского короля Гаральда Смелого, Анастасия — королевой Венгрии. Самая знаменитая судьба ожидала Анну, выданную за французского короля Генриха I из династии Капетингов[12]. Потомками Анны были одиннадцать королей Франции, правивших в течение 267 лет. И хотя французы называют Анну Анной Русской, русской крови в ней не было ни одной капли.

Сын Ярослава Мудрого Всеволод I (1076, 1078 — 1093) имел двух жен: половчанку[13] Анну и дочь византийского императора Константина IX Мономаха. От этого брака был рожден Владимир Мономах, русский великий князь (1113 — 1125), прославившийся своей просветительской деятельностью, — в нем смешалось много кровей, не было там опять-таки только русской. Женат он был на Гите, дочери короля Англии Гарольда II.

Основатель Москвы Юрий Долгорукий (1149 — 1150, 1155 — 1157) по крови являлся англичанином, чуть-чуть половцем и скандинавом, но никак не русским. Женат был на дочках половецкого хана[14] и греческого императора. Брат Долгорукого Мстислав Великий (1125 — 1132) — последний из великих князей, при котором Киевская Русь оставалась единым государством, — продолжая укрепление династических связей с Европой, взял в жены Христину — дочь шведского короля Стенкильсона.

Сын Долгорукого Андрей Боголюбский (1157 — 1174), женившись на дочери первого владельца Москвы Улите Кучке, положил начало традиции не выписывать невест из Европы, а выбирать из своих или, в крайнем случае, из ближайшего зарубежья. С этого времени кровь правителей Руси начала наконец-то разбавляться и русской. Всеволод Большое Гнездо (1176 — 1212) имел 18 детей и всех их женил и выдал замуж за русичей. Возможно, эта традиция и не получила бы долгого продолжения, если бы не нашествие монголотатар, на целых три столетия отрезавших российское государство от культурных контактов с Европой[15]. В этот период русской истории великие князья вынуждены были сочетаться узами брака с княжескими да боярскими дочками. Часто брали в жены половчанок. Иногда, правда, из политических соображений приходилось русским князьям жениться на ханских дочках. Так, внук Александра Невского[16] Юрий (1319 — 1322) обвенчался с сестрой хана Узбека Кончакой (крещенная[17] Агафьей), но жить с ней долго не смог и однажды попросту убил монголку.

Лишь после освобождения Руси от монголотатарского ига великие князья смогли вновь жениться на иноземках и отдавать дочек замуж в заграничные государства. Пример подал сам Дмитрий Донской (1359 — 1389), выдавший двух своих дочерей замуж за литовских[18] князей. Его сын Василий I (1389 — 1425) женился на дочке литовского князя Витовта Софии, а дочь Анну выдал за византийского императора Иоанна VIII (Палеолога). Второй женой Ивана III (1462 — 1505) стала Софья Палеолог, племянница последнего византийского императора Константина XI.

В жилах[19] Ивана Грозного (с 1547 г. первый русский царь) текла на три четверти русская и на одну четверть кровь византийских императоров. Он имел семь жен: Анастасию из рода Романовых, Марию, дочь кабардинского[20] князя Темрюка Идарова, Марфу Собакину, Анну Колтовскую, Анну Васильчикову, Василису Мелентьеву и Марию Нагую, которая в 1605 г. признала Лжедмитрия[21] I своим сыном, а затем отказалась от него.

Сын Ивана Грозного Федор (1584 — 1594) взял в жены сестру Бориса Годунова Ирину. После его смерти она отказалась от предложения патриарха Иова занять престол и ушла в монастырь. Мария, племянница Ивана Грозного, была насильно пострижена в монахини. Ее дочь Евдокия умерла насильственной смертью[21]. Таким образом, со смертью Евдокии пресеклась династия Рюриковичей.

Борис Годунов (1598 — 1605) был правителем просвещенным и осознавал необходимость связать свою семью династическими узами с королевскими домами Европы. Пытался выдать дочь Ксению сначала за герцога[23] Ганса Датского, а затем за австрийского эрцгерцога[24] Максимилиана. Ганс по прибытии в Москву умер еще до свадьбы. Максимилиан после долгих переговоров жениться на Ксении отказался.

В начале царствования династии Романовых в крови царственных особ и их отпрысков[25] иноземных кровей практически не было. Это были цари русские не только по духу, но и по крови. Вплоть до Ивана V (1682 — 1696), нарушившего эту традицию, выдав дочь Екатерину за герцога Мексенбург-Шверинского Карла Леопольда, а Анну — за герцога Курляндского Фридриха Вилыгельма.

Петр I (1682 — 1725, с 1721 г. первый русский император) имел двух жен: Евдокию Лопухину и Марту Скавронскую (Екатерина I). Предполагается, что Марта была дочерью латышского[26] крестьянина Самуила Скавронского, по другой версии — дочерью шведа-квартирмейстера[27] И. Рабе. Петр имел 13 детей. «Прорубая окно в Европу», он тоже не забывал упрочнять династические связи с заграничными королевскими домами. Первенца своего Алексея женил на принцессе Брауншвейг — Вольфенбюттельской[28] Софье Шарлотте, а цесаревну Екатерину выдал замуж за Карла Фридриха, герцога Шлезвиг-Голштейн-Готторпского[29]. Ни Петр II (1727 — 1730), ни Анна Ивановна (1730 — 1740), ни император-младенец Иван VI Антонович (1740 — 1741) детей не имели.

Дочь Петра I Елизавета (1741 — 1761) замуж так и не вышла и детей тоже не имела, во всяком случае законнорожденных. Когда Елизавета скончалась, вместе с нею фактически прекратилась и династическая линия Дома Романовых. Все последующие Романовы носили эту фамилию, скорее следуя официальной традиции, нежели кровной преемственности. И ни в ком из них не было ни капли русской крови.

Начиная с Петра III (1761 — 1762) все царственные престолонаследники были немцами, происходившими по Голштейн-Готторпской линии, с небольшой примесью[30] австрийской, английской, голландской, датской и греческой крови. Судите сами: Екатерина II (1762 — 1796) была принцессой Ангальт-Цербстской, в девичестве носила имя Софьи Фредерики Августы. Сын Петра III и Екатерины II Павел I (1796 — 1801) был женат на принцессе Вильгельмине Луизе Гессен-Дармштадтской (Наталья Алексеевна) и принцессе Софье Доротее Вюртембергской (Мария Федоровна). Сын Павла I Александр I (1801 — 1825) женился на Луизе Марии Августе, принцессе Баденской Дурлах (Елизавета). Другой сын Павла I, Николай I (1825 — 1855), женился на принцессе Луизе Шарлотте Вильгельмине прусской, дочери короля Фридриха Вильгельма Ⅲ (Александра Федоровна). Сын Николая Ⅰ Александр Ⅱ (1855 — 1881) женился на принцессе Максимилиане Вильгельмина Августе Софье Марии Гессен –Дармштадтской (Мария Александровна). Сын Александра Ⅱ Александр Ⅲ (1881 — 1894) женился на Луизе Софии Фредерике Дагмаре, дочери датского короля Христиана Ⅸ (Мария Федоровна). Сын Александра Ⅲ Николай Ⅱ (1894 — 1917), последний русский император из династии Романовых, женился на принцессе Алисе Виктории Елене Луизе Беатрисе Гессен–Дармштадтской, дочери Людовика Ⅳ (Александра Федоровна). Имел, как известно, четырех дочерей и одного сына. В 1913 г. семья Николая Ⅱ с помпой отпраздновала 300 лет Дома Романовых, а еще через 5 лет онемеченная династия Романовых прекратила свое существование.

1.	Рюрик	指编年史记载原为瓦兰部队统领,传说应伊尔门斯拉夫人邀请,同其兄弟西涅乌斯和特鲁沃尔一起来诺夫哥罗德任大公。留里克王朝的奠基人
2.	варяги	〈史〉瓦兰人,瓦兰吉亚人(古俄罗斯对北欧诺尔曼人的称呼)
3.	то бишь	(用以纠正口误)不是。全句意思为:众所周知,第一位俄国大公,创立了留里克王朝的留里克来自于瓦兰人,不,他身上流淌着斯堪的纳维亚人的血
4.	русич	罗斯人
5.	подвергать что сомнению	对……产生怀疑
6.	брать кого в жены	使谁成为妻子
7.	половецкий	половцы 的形容词。половцы〈史〉波洛伏齐人(11—13世纪欧洲东南部的突厥系游牧民族)
8.	княжна	公主,指公(爵)的未出嫁女儿
9.	в порыве ревности	一时醋意大发
10.	постричься в монахини	出家为尼
11.	канонизировать	〈宗〉尊为"圣者"。全句为:作为接受剃度礼的俄国第一位公爵夫人,她后来被俄国东正教会尊称为"圣安娜"

12.	династия Капетингов	卡佩王朝(987—1328)法国王朝。奠基者为卡佩。重要代表人物有：菲力二世、路易九世(圣路易)、菲力四世
13.	половчанка	波洛伏奇女人
14.	хан	〈史〉汗，可汗(古代突厥和蒙古等民族最高统治者的称号)
15.	Возможно, эта традиция и не получила бы долгого продолжения, если бы не нашествие монголотатар, на целых три столетия отрезавших российское государство откультурных контактов с Европой	也许，如果没有蒙古鞑靼人的入侵，这个传统不会延续下来。这些蒙古鞑靼人切断了俄国政府与欧洲的联系达300年之久
16.	Александр Невский	亚历山大·涅夫斯基(1220—1263)，诺夫哥罗德公(1236—1251)及弗拉基米尔大公(1252起)。由于他战胜了瑞典人(1240年涅瓦河会战)和日耳曼骑士(1242年冰上激战)，使罗斯西部世界有了安全保证
17.	крещенный	〈旧，俗〉入了基督教的人，基督教徒
18.	литовский	立陶宛的
19.	жила	血管
20.	кабардинский	卡巴尔达人的，卡巴尔达的
21.	Лжедмитрий	伪德米特里，1605年起为俄国沙皇。1601年在波兰自称是伊凡四世(雷帝)之子德米特里。1604年率波兰—立陶宛部队越过俄国边境，得到部分市民、哥萨克农民的拥戴。后被贵族阴谋家杀害
22.	насильственная смерть	横死
23.	герцог	公爵(西欧贵族中最高爵位之一)
24.	эрцгерцог	〈史〉大公(1453—1918年间奥地利哈布斯堡王朝太子的称号)
25.	отпрыск	后裔，子孙
26.	латышский	拉托维亚(族)人的
27.	квартирмейстер	〈旧，海〉(旧俄帆船时代的)海军下士
28.	Брауншвейг-Вольфенбюттельский	布伦瑞克—沃尔芬的(德国城市名称)
29.	Шлезвиг-Голштейн-Готтерпский	石勒苏益格—荷尔斯泰因—戈托普家族的
30.	примесь	夹杂

31. Екатерина II

叶卡捷琳娜二世（1729—1796），俄国女皇（1762年起），原为德国公主索菲亚·弗列杰里卡·奥古斯塔。生于奥德河畔的什切青市。其父名叫克里斯蒂安·奥古斯特，出身于德意志安霍尔特—策尔布斯特—多恩堡王族。

Задания

Запомните.

россиянин	россиянка	россияне	俄罗斯人
австриец	австрийка	австрийцы	奥地利人
бельгиец	бельгийка	бельгийцы	比利时人
англичанин	англичанка	англичане	英国人
немец	немка	немцы	德国人
испанец	испанка	испанцы	西班牙人
итальянец	итальянка	итальянцы	意大利人
норвежец	норвежка	норвежцы	挪威人
француз	француженка	французы	法国人
швед	шведка	шведы	瑞典人
китаец	китаянка	китайцы	中国人
вьетнамец	вьетнамка	вьетнамцы	越南人
кореец	кореянка	корейцы	朝鲜人
японец	японка	японцы	日本人

Урок 24

Текст 1

Пасха[1] — праздник с особыми правилами

Слово «пасха» пришло к нам из днвнееврейского языка и означает «прохождение», «избавление». Очень многие люди, которые ходят в церковь редко и молятся «на бегу», считают, что в праздник Пасхи досдаточно в субботу прийти в церковь, освятить[2] куличи и яйца, потом отстоять службу[3], поучаствовать в Крестном ходе[4] и праздник начался, можно разговляться[5], есть, пить и праздновать. Однако это не так. К светлому дню Пасхи нужно как следует подготовиться. Вся предпасхальная неделя как раз этому и посвящается.

Первые три дня недели верующие причащаются[6], в церквях идут евангельские чтения[7]. Дома в эти дни по-прежнему — обычный постный стол, отказ от скоромной[8] пищи, в том числе и от рыбы.

К Великому четвергу в доме все должно быть чисто, недаром этот день называется «чистый четверг». Именно в этот день нужно красить яйца, замешивать тесто для куличей, делать пасху[9]. Старинный способ окраски яиц «в крапинку»: мокрые яйца обваливают в сухом рисе, плотно заворачивают в марлю и варят в луковой шелухе обычным способом[10].

Великая, Страстная пятница — день строгого поста. Считается, что заниматься дома никакими хозяйственными делами нельзя. Тот, кто следует самым строгим ограничениям, не станет в этот день даже мыться. В храмах совершается чин погребения[11] Спасителя.

В Великую субботу утром — служба, после неё в каждом храме освящается пасхальная пища — куличи, яйца, пасха, вода. Но и это пока ещё постный день, перед подготовкой пасхального торжества употреблять скоромную пищу ещё нельзя. Некоторые торопятся разговеться пораньше и приходят на пасхальную службу, участвуют в Крестном ходе уже навеселе. Разговляться можно, когда кончится литургия, после 3 часов утра. С этого времени на пасхальном столе допустима любая пища в любых количествах, вино и другие напитки. Но это отнюдь не повод для обжорства[12] и пьянства.

Пасха в цифрах

В этом году россияне намерены отпраздновать Пасху так же, как и всегда. По данным опроса, проведенного ВЦИОМ, 74% будут красить яйца, 44% — печь куличи, 21% — печь не станут, а пойдут и купят, а потом (14%) освятят их в церкви. 27% россиян будут принимать гостей, 24% сами пойдут в гости. Не знают, как будут праздновать Светлое Христово Воскресение, только 7% опрошенных.

Какой обычай соблюдать?

Христосование[13]. Еще из классической литературы мы знаем, что христосуются друг с другом женщины, и мужчины — вспомним хотя бы Катюшу Маслову[14] и графа Нехлюдова из толстовского «Воскрсения». Но немногие знают, что по церковным традициям дожны христосоваться только женщина с женщиной и мужчина с мужчиной.

Подарки и Подаяния. Сегодня считается, что чем больше на Пасху сделаешь подарков, тем счастливее будешь. Священники же утверждают, что к нашему счастью количество подарков никакого значения не имеет. Но есть то, что в праздник Пасхи может сделать каждый: подать просящему[15], встретиться с родственниками, знакомыми, друзьями.

Ездить ли в пасху на кладбище? Многие едут, хотя для поминовения усопших[16] есть особые дни. Не нужно кощунствовать[17]: есть или пить на кладбище или лить водку на могильный холм — этим оскорбляется память умершего человека. Оставлять на могиле рюмку водки и кусок хлеба «для усопшего» — языческой[18] обычай, а не православный.

Как выдержать пасхальную службу?

Пасхальная заутреня[19] начинается в 23.30 и длится до 4 часов утра. Для религиозного, верующего человека столь длительная служба, может быть, и не кажется испытанием. А для людей, которые бывают в церкви достаточно редко, но пойти именно на пасхальную службу считают своим долгом, предстоящая ночь будет действительно нелегкой. Как выдержать пасхальную службу?

Самое трудное — все время стоять на ногах. Если, к примеру, у католиков есть специальные скамейки или подушечки, которые кладут под колени при молитве, то в православной церкви сохраняются традиции, требующие определенного аскетизма[20], — сидеть запрещено. Если вы здоровый молодой человек и надумали отстоять службу целиком, все это время вам предстоит провести стоя. Исключение делается только для больных и не мощных людей — они могут взять с собой небольшие раскладные стульчики.

Некоторые люди вообще боятся толпы, а астматики, аллергики, сердечники, гипертоники[21] опасаются и духоты в храме. В церквях, конечно, не предусмотрены кондиционеры, но во время службы обычно открыты все двери, так что поступление кислорода есть. Помогает и старинная архитектура — высокие своды церквей. Новичку непривычен и запах ладана[22]. С точки зрения аромотерапии, запах этой смолы обладает успокаивающим действием. Но если вы не уверены, что сможете выдержать всю службу целиком, встаньте где-нибудь с краю, чтобы, не мешая другим, вы смогли пройти к выходу.

Стоять в церкви принято всегда лицом к алтарю[23]. Если хотите приложить к каким-то иконам, лучше придите заранее, без суеты и толкотни купите свечи. Сначала верующие прикладываются к иконе, которая стоит в середине храма, а потом уже ко всем остальным. Все священнослужители — хорошие физиономисты[24]: новичка в церкви сразу можно отличить от остальных. Если не знаете, что и как делать, делайте то же, что и все.

Брать ли с собой на службу детей? Каждому родителю предстоит самостоятельно решить этот вопрос. Ограничений никаких нет, но сможет ли маленький ребенок, не капризничая, выстоять столь долгую службу?

Конечно, гораздо легче воспринимать западных проповедников[25], которых нам показывают по ТВ, — их проповеди ведутся в современном стиле. Но русская церковь потому и называется ортодоксальной[26], что не склонна к нововведениям. Сейчас по телевизору каждый может увидеть, как происходят пасхальные торжества. Самое ценное в таких показах для «верующего новичка» — комментарии, объяснения сути происходящего. Действительно, трудно без подготовки понять старославянские песнопения, вникнуть[27] в их содержание. А стоять «просто так», не понимая, о чем идет речь, сложно. Выход один: прислушаться и постараться понять. Служба — это работа не только для священнослужителей, но и для прихожан: работа души.

Одежда, которую вы наденете на пасхальную службу, конечно, должна быть праздничной. Но и такой, чтобы не смущала других верующих: декольте[28] и мини-юбки исключаются. Женщинам не стоит забывать такие правила: в храме им можно находиться только с покрытой головой, ни в коем случае — в брюках, и не переусердствовать с косметикой[29]— когда подойдете приложиться к иконам, на них могут остаться следы от губной помады.

Вниманию граждан: оставьте хотя бы на это время дома свои сотовые телефоны! Звонки во время Пасхальной службы оскорбляют чувства верующих.

1. пасха	复活节，基督教纪念"耶稣复活"的节日。该教称耶稣被钉死于十字架后第三日复活。公元325年尼西亚会议规定每年过春分月圆后第一个星期日为复活节。16世纪西欧改用格列历后，正教因历法不同，复活节的具体日期同天主教、新教常相差一两星期。
2. освятить	使圣洁
3. отстоять службу	祈祷
4. Крестный ход	宗教游行，在复活节等重要节日，僧侣及民众手举圣像画、十字架、神幡和圣物的游行
5. разговляться–разговеться	〈宗〉开斋
6. причащаться–причаститься	〈宗〉领圣餐
7. евангельские чтения	诵读福音书
8. скоромный	荤的(指斋日禁食的乳类和肉类食品)
9. делать пасху	做(过复活节的)甜奶渣糕
10. Старинный способ окраски яиц «в крапинку»: мокрые яйца обваливают в сухом рисе, плотно заворачивают в марлю и варят в луковой шелухе обычным способом.	流传久远的染鸡蛋的方法是在鸡蛋上染上小花点：把潮湿的鸡蛋放入干稻米中滚一滚,用纱布裹紧,然后放进有葱头皮的水中煮

11.	чин погребения	葬仪
12.	обжорство	暴食
13.	христосование	христосоваться 的动名词。(东正教徒在复活节)互吻三次以示祝贺
14.	Катюша Маслова	Л.Толстой 长篇小说《复活》中的主人公
15.	подать просящему	施给行乞的人
16.	усопший	已故的人
17.	кощунствовать	亵渎神明
18.	языческий	异教的
19.	заутреня	〈宗〉晨祷
20.	аскетизм	禁欲主义
21.	астматики; аллергики; сердечники; гипертоники	分别是气喘病患者;过敏病患者;心脏病患者;高血压病患者
22.	Новичку непривычен и запах ладана	首次参加仪式的人会对神香的气味感到不习惯
23.	алтарь	祭坛,供台
24.	физиономист	会看相判断人的性格及心理状态的人
25.	проповедник	传教士
26.	ортодоксальный	正统的
27.	вникнуть	领会
28.	декольте [дэ тэ]	袒胸露背的(指女人服装)
29.	не переусердствовать с косметикой	妆不要化得过火

Задания

1. Выберите правильный ответ.

1) Слово «пасха» пришло к нам из

  а. греческого языка.

  б. древнееврейского языка.

  в. английского языка.

2) В предпасхальной неделе верующие красят яйца, замешивают тесто для куличей, делать пасху в

  а. среду.

  б. пятницу.

  в. четверг.

3) На пасхальном столе допустима любая пища в любых количествах, вино и другие напитки только тогда, когда

   а. кончится литургия, после 3 часов утра.

   б. осветится пасхальная пища.

   в. закончится домохозяйство.

2. Отметьте «Да» или «Нет».

1) По церковным традициям должны христосоваться женщина с мужчиной.

2) Оставлять на могиле рюмку водки и кусок хлеба «для усопшего» — языческий обычай, а не православный.

3) Пасхальная заутреня начинается в 11.30 и длится до 4 часов вечера.

4) Служба — это работа не только для священнослужителей, но и для прихожан: работа души.

5) В храме женщинам можно находиться только с покрытей головой, ни в коем случае — в брюках.

Текст 2

Монастырь от рассвета до отбоя[1]

Монастырь высоким забором старается оградить себя от светской жизни. Но если обитель[2] находится в центре Москвы, как можно спрятаться от влияния времени? А может быть, ежеминутное соприкосновение с нашим временем и есть главное испытание для насельника[3]?

Новоспасский монастырь расположился на берегу Москвы-реки. Сейчас в двухэтажном братском корпусе обитают 30 монахов. Быт у них, конечно, далеко не шикарный, но и тяжелым, как бывало в старину, его не назовешь. Каждый живет в комнатке-келье[4] площадью в 10 m². Туалет и душ в коридоре. В музеи и кино ходить нельзя. Только на духовные концерты и только по благословению настоятеля[5]. Ежегодно каждому монаху предоставляется месячный отпуск[6], чтобы подправить здоровье. На лечение выдаются деньги. Привычных для мирян[7] трудовых книжек (с указанием места работы) у них нет. Но на время командировки или отпуска монаху выписывают удостоверение личности, где подтверждают, что он — из Новоспасского монастыря. «Обмундирование»[8] шьется в мастерских на территотии монастыря, «норматива»[9] на рясы[10] не существует, выдают по надобности. Еду готовят те братья, у кого на это «выдано» послушание[11]. А вот кельи убирает каждый сам. Есть в монастыре духовная библиотека, которой можно пользоваться и прихожанам[12]. Обязательно выписывают периодику, но только церковную. Есть даже два компьютера: один в библиотеке, другой — в бухгалтерии.

Особая гордость монастыря — парк. Здесь выращивают 50 видов роз. Пожалуй, больше нигде в столице вы не найдете цветущий миндаль и манчжурский орех, плодоносящие абрикосы[13]. У монастыря есть свое подворье[14] под Волоколамском: две коровы, растут картошка, капуста, помидоры, огурцы.

Монашество[15] на территории Новоспасской обители возобновлено с 1991 г. И с этого времени настоятелем монастыря является игумен[16] ОТЕЦ ИЛИЯ (Чураков):

— Монахи рано встают?

— В будние дни утром в 7 часов начинается полунощница[17], а далее без перерыва уже в 8 часов утра следует литургия[18]. После чего братия[19] расходится на работу — по разным послушаниям. В час дня у нас обед, после которого отдых. Отдохнув, братия опять приступает к исполнению различных послушаний. И так до вечернего богослужения[20]. Потом ужин, и уже в конце дня появляется свободное время, в которое мы можем погулять по монастырскому саду или почитать духовную литературу. Не думайте, что в монастыре жесткий режим. Моностырь — это не армия, а особое духовное учреждение, которое помогает человеку совершенствоваться на духовном пути.

— Отец Илия, а во время трапезы[21] можно употреблять алкоголь?

— Только в праздники. Но смотря, конечно, какой праздник. Вино, ничего более крепкого, подают у нас только на Пасху, Рождество и на престольный праздник Преображения[22].

— Монахи за свои труды получают зарплату?

— Небольшие деньги, конечно, в монастыре платят, но это не является зарплатой в полном смысле этого слова. Естественно, обитель дает братии деньги на разные нужды. Если кому-либо понадобится книга или, к примеру, зубная паста, обувь и т.п.

— Существуют ли какие-либо ограничения по приему людей в моностырь?

— Вполне естественно, что женатый человек, который связан узами²³ брака, не может быть принят в монастырь, потому что он обязан заботиться о своей семье. Не может прийти в обитель и несовершеннолетний, так как он до конца еще не осмыслил свой шаг.

— Бывает ли, что приходят в монастырь люди не по вере, а чтобы скрыться от тяжелой жизни в миру?

— Бывает и такое. Но мы их в монастырь не принимаем, потому что монастырь — это не больница, не приют, не богадельня²⁴. Это место для молитвы. И человек сюда приходит не скрываться от мирских трудностей, а молиться и посвятить себя Богу.

— А как с пропиской?

— Братия нашего монастыря в основном имеет московскую прописку. Монашество — это не работа, а призвание. Если Господь какого-либо человека призывает на этот путь, то он дает ему и духовные силы, чтобы этот путь он смог пройти достойно и праведно. А чтобы испытать себя, в монастыре всегда существовала степень послушника. Человек приходит в обитель и становится послушником. И проходя различные послушания, он испытывает свои силы на монашеском пути, может он нести этот крест или нет. Если ему это дано, он принимает постриг, а если нет, то послушник волен возвратиться в мир.

1. отбой	终止，此文的标题为"修道院的一天"
2. обитель	〈文语〉寺院，修道院
3. насельник	〈文语〉〈旧〉居住者
4. келья	（修道院中修士的）单间居室
5. по благословению настоятеля	要经过教堂堂长的恩准
6. Ежегодно каждому монаху предоставляется месячный отпуск	每年每个修士都有一个月的休假
7. мирянин	〈俗〉在家人（与"僧"、"出家人"相对）
8. обмундирование	新制服

9. норматив	定额
10. ряса	（正教僧侣窄腰肥袖的）长袍
11. послушание	〈宗〉（修道院中修士、见习修士的）职分,杂役勤务
12. прихожанин	（某教区的）教民
13. миндаль; манчжурский орех; абрикосы	〈植〉扁桃；（植）核桃楸；杏
14. подворье	〈方〉庄园
15. монашество	僧侣生活
16. игумен	男修道院院长
17. полунощница	（东正教的一种）晚祷告
18. литургия	（天主教、东正教的）大祭,弥撒
19. братия	（同一寺院的）僧侣们
20. богослужение	祈祷仪式
21. трапеза	〈宗〉（修道院里的）进餐
22. престольный праздник Преображения	〈宗〉（教堂的）建堂节
23. узы	婚姻关系
24. богадельня	〈旧〉养老院

Задания

1. Переведите предложения на китайский язык.

1) Быт у монахов далеко не шикарный, но и тяжелым его не назовешь.

2) Во время командировки или отпуска монаху выписывают удостоверение личности, где подтверждают, что он — из Новоспасского монастыря.

3) Монастырь — это не армия, а особое духовное учреждение, которое помогает человеку совершенствоваться на духовном пути.

4) Небольшие деньги в монастыре платят, но это не является зарплатой в полном смысле этого слова.

5) Женатый человек, который связан узами брака, не может быть принят в монастырь, потому что он обязан заботиться о своей семье.

2. Запомните.

монастырь	修道院，寺院
лавра	大寺院，大(男)修道院
обитель	〈文语〉寺院，修道院
пустынь	〈旧时〉荒凉地方的小修道院
скит	〈宗〉隐修院

Урок 25

Текст 1

Земле осталось жить 300 лет?

6% смертей, происшедших в последние годы на планете, связаны с глобальным[1] потеплением климата. Тысячи людских жизней унесли вызванные потеплением стихийные бедствия, а сильные перепады[2] атмосферного давления привели к инфарктам, инсультам и гипертоническим кризам[3]. С таким заявлением выступили представители всемирной организации здравоохранения (ВОЗ[4]) на проходившей недавно в Гааге[5] конференции по проблемам изменения климата. ВОЗ прогнозирует также, что уже в ближайшее время из-за загрязнения окружающей среды[6] умрет около 8 миллионов человек.

И это, возможно, оптимистичный прогноз. Российский ученый, сотрудник Института биофизики клетки РАН[7] Алексей Карнаухов утверждает, что через 3–4 века может погибнуть все человечество.

— Если мы не сбавим[8] темпа выбросов углекислого газа[9] в атмосферу, — говорит он, — может произойти парниковая[10] катастрофа, из-за которой уже через 100–200 лет экваториальные[11] области Земли станут непригодными для жизни людей.

На конференции в Гааге было объявлено, что в течение ближайших ста лет, если человечество не возьмет под контроль[12] выброс углекислого газа в атмосферу, температура на планете повысится на 8 градусов.

— Мировая наука делает прогнозы исходя из нынешних изменений средней температуры Земли, — комментирует эти цифры Алексей Карнаухов. — При этом не учитывается, что в настоящее время Мировой океан[13] играет роль теплового буфера[14], сдерживающего рост температуры. Однако он не сможет выполнять эту роль бесконечно. Кроме того, даже небольшое увеличение температуры вызовет ряд процессов, в результате чего концентрация[15] углекислого газа в атмосфере станет увеличиваться в геометрической прогрессии[16], а среднегодовая температура на планете поднимется на десятки градусов.

В доказательство своей теории ученый сравнивает ситуацию на Земле с ситуацией на Венере[17]. По расчетам, исходя из расстояния до Солнца, температура на Венере должна быть всего на 60 градусов выше, чем на Земле. Но атмосфера Венеры, состоящая из углекислого газа, дает дополнительные 400 градусов. Такая же температура, 300–400 градусов, по мнению Алексея Карнаухова, может установиться в результате парниковой катастрофы на Земле.

Однако у сторонников подобных «страшилок»[18] находятся и «оптимисты» — противники. Они говорят, что активизировавшееся[19] в XX веке потепление климата — временное явление. История знает примеры подобного перепада температур. В Гренландии[20] когда-то занимались земледелием. В Англии во времена короля Артура выращивали виноград, делали из него вино. Более того, в течение девятисот лет в целом на нашей планете температура понизилась на 0,5 градуса. И всего лишь за XX век она успела не только вернуть упущенное тепло, но и добавить целый градус.

1. глобальный	全球的
2. перепад	落差，下降
3. инфаркт; инсульт; гипертонический; криз	分别是〈医〉梗死；〈医〉中风；高血压的；криз〈医〉相当于 кризис（病情开始恶化或减轻的）极期，临界
4. ВОЗ	Всемирная организация здровохранения 世界卫生组织
5. Гаага	海牙〔荷〕
6. загрязнение окружающей среды	环境污染
7. Институт биофизики клетки РАН	俄罗斯科学院细胞生物物理学研究所
8. сбавить	控制
9. выброс углекислого газа	释放二氧化碳
10. парниковый	温室的
11. экваториальный	赤道的
12. взять под контроль	控制
13. Мировой океан	太平洋
14. буфер	缓冲器
15. концентрация	浓度

16. геометрическая прогрессия	几何级数
17. Венера	〈天〉金星
18. страшилка	可怕的事
19. активизироваться	活跃起来的
20. Гренландия	格陵兰〔丹〕

Задания

1. Отметьте «Да» или «Нет»

1) 6% смертей, происшедших в последние годы на планете, связаны с глобальным потеплением климата.
2) ВОЗ утверждает, что за последнее время из-за загрязнения окружающей среды умерло около 8 миллионов человек.
3) Парниковая катастрофа происходит из-за выбросов углекислого газа в атмосферу.
4) Мировой океан играет роль теплового буфера, сдерживающего рост температуры, и он сможет выполнять эту роль бесконечно.
5) Найдутся и ученые, которые считают, что активизировавшееся в XX веке потепление климата — временное явление.

2. Ответьте на вопросы по тексту.

1) Что унесло тысячи людских жизней?
2) Что прогнозирует ВОЗ?
3) При каком условии температура на планете повысится на 8 градусов?
4) Исходя из чего мировая наука делает прогнозы?

Текст 2

XXI ВЕК: ВСЕ НЕ ТАК СТРАШНО

Согласитесь, прогноз — не более чем предположение, основанное на более или менее научных доводах. Гораздо важнее — как его интерпретировать[1]. Поэтому объективности ради мы решили взглянуть на самые популярные московские прогнозы на новый век с двух точек зрения — мрачной и оптимистической.

Люди

Плохие новости. Коренных жителей неуклонно становится меньше. За последние 10 лет численность постоянного населения города уменьшилась более чем на 430 тыс. чел. С 1989 г. отмечается отрицательный естественный прирост[2], и сейчас смертность в Москве вдвое превышает рождаемость. По самым скромным подсчетам[3] в 2020 г. как минимум каждому четвертому москвичу будет старше 60 лет[4]. Если бы не молодые и энергичные «гости столицы», демографический спад выглядел бы еще драматичнее. А жизнь в столице только дорожает, стабильность остается далеко за горизонтом, так что депопуляция[5] коренного населения, скорее всего, продолжится и в первые десятилетия начавшегося века. Некоторые демографы убеждены, что мы на пороге катастрофы, предотвратить[6] которую могут только срочные чрезвычайные меры, в том числе и такие непопулярные, как запрет абортов[7].

Одна из альтернатив — мощная «замещающая» миграция. Специалисты подсчитали, что для восстановления экономики и «разбавки» стареющего населения[8] России нужно принимать от 5 до 7 млн. мигрантов в год.

Хорошие новости. С похожими проблемами уже сегодня сталкиваются Париж, Лондон, Франкфорт, Амстердам[9] и другие западноевропейские мегаполисы[10]. И представьте себе, никто не паникует. По мнению специалистов, нынешний демографический расклад, учитывая плотность городской застройки и перегруженность транспортом, для столицы... оптимален[11]. По их расчетам, в 2020 г. постоянное население Москвы составит 8,6 — максимум 9 млн. чел., а «дневное» население будет, как сейчас, достигать 11 млн. И если рождаемость, согласно большинству прогнозов, по-прежнему останется низкой (в среднем 1 ребенок на семью), то благодаря новым разработкам в медицине постепенно начнет снижаться смертность в младенческом и трудоспособном возрастах. Что касается миграции, то многие этнологи считают, что приток пусть неквалифицированной, но зато дешевой рабочей силы будет только способствовать экономическому процветанию столицы. Благоприятно это должно сказаться и на нашем генофонде[12]: от смешанных браков, как известно, рождаются более здоровые и красивые дети.

Климат

Плохие новости. В Москве становится теплее и дождливее. По результатам наблюдений специалистов метеообсерватории[13] геофака[14] МГУ, последние 40 лет температура в городе повышалась на 0,02° в год, а начиная с 1985 г. ежегодно теплело уже на 0,03–0,05°. Если многолетняя среднегодовая температура до 1990 г. составляла в городе +5°, то в 1999 г. она возросла до +6,8°. Количество осадков в Московском регионе в последние годы на 20–30% превышало многолетние показатели. Как заверяют метеорологи, серьезными природными аномалиями[15] столице потепление не грозит, но риск учащения[16] экстремальных[17] погодных явлений все же увеличивается.

К 2050 г. столичный климат должен потеплеть минимум на 1°. Казалось бы, градус — не катастрофа, но неизбежные перепады давления, вызываемые частыми визитами циклонов[18], вряд ли будут радовать метеочувствительных людей[19], которых в загруженной стрессами Москве хоть отбавляй[20]. А повышенная влажность не особенно полезна для страдающих легочными заболеваниями[21], число которых в Москве тоже отнюдь не уменьшается. Ко всему прочему, в теплую погоду, да еще при высокой влажности, в воздухе образуется благоприятная среда для размножения бактерий[22], что чревато «внеплановыми» вспышками болезней. Наконец, стабильность хороша в том числе и в климате: чем он устойчивее, тем мы здоровее. Любые метаморфозы[23] ударяют по нашему иммунитету[24] и сокращают продолжительность жизни.

Хорошие новости. А что, собственно, плохого в том, что зимы в Москве станут мягче, как в Европе, и нам не придется, как в «старом добром XX веке» укутывать себя в сто одежек? К тому же потепление если и происходит, то отражается главным образом на зимах. Лето же, наоборот, в наших широтах становится чуть прохладнее. К тому же, как показывают исследования, климат на Земле менялся и в далеком прошлом, и потепление — возможно, явление временное, которое к 2010–2015 гг. либо сменится похолоданием, либо все наконец стабилизируется. Но если теплых зим все-таки не миновать, на столице они скажутся скорее положительно. Например, снизятся энергозатраты на теплоснабжение.

1. интерпретировать — 诠释
2. отрицательный естественный прирост — 负增长
3. по самым скромным подсчетам — 据最保守统计
4. каждому четвертому москвагу будет старше 60 лет — 每四个莫斯科人中就有一个人超过六十岁
5. депопуляция — 人口降低
6. предотвратить — 及时防止
7. запрет абортов — 禁止堕胎
8. «разбавка» стареющего населения — 改善居民老龄化状况
9. Франкфорт; Амстердам — 分别是法兰克福〔德〕；阿姆斯特丹〔荷〕
10. мегаполис — 人口众多的大城市
11. оптимальный — 最佳的
12. генофонд — 基因储备
13. метеообсерватория — 气象台
14. геофак — геологический факультет 地质系
15. аномалия — 异常
16. учащение — 加速
17. экстремальный — 极端的
18. циклон — 暴风，飓风
19. метеочувствительные люди — 气象敏感人群
20. которых в загруженной стрессами Москве хоть отбавляй — 这样的人在充斥着令人精神紧张空气的莫斯科并不少见
21. легочные заболевания — 肺病
22. бактерия — 细菌
23. метаморфоз — 变样，变体
24. иммунитет — 免疫性

Задания

1. Закончите предложения, пользуясь материалом текста.

1) За последние 10 лет численность постоянного населения города уменьшилась...

2) С 1989 г. отмечается отрицательный естественный прирост, и сейчас...

3) По самым скромным подсчетам, в 2020 г. как минимум...

4) С похожими проблемами уже сегодня сталкиваются Париж, Лондон, Франкфорт, Амстердам и ...

5) Количество осадков в Московском регионе в последние годы...

6) Но если теплых зим все-таки не миновать, ...

2. Запомните.

8,6	восемь (целых) и шесть десятых
6,8	шесть (целых) и восемь десятых
0,02	(ноль целых) (и) две сотых
0,03	(ноль целых) (и) три сотых
0,05	(ноль целых) (и) пять сотых

Текст 3

Сколько нас осталось?

Перепись[1] стали проводить еще четыре столетия назад, и сейчас она проходит и в развитых странах, и в не очень. В 2002-м в России тоже грядет всенародная перепись. Пробная (в трех самых «трудных» районах: в Москве, Владивостоке и Московской области) уже проведена.

«Трудные» районы

Почему столица считается «трудным» районом, наверное, объяснять не надо: всюду кодовые замки[2], домофоны, охрана и железные двери, а за ними — задерганные и никому не доверяющие москвичи. Ближнее Подмосковье

— это богатые коттеджные застройки с высокими заборами, колючей проволокой[4] и злыми собаками. Владивосток — крупный город с тяжелой энергетической ситуацией и постоянными выборами. Заставить такой контингент[5] отвечать: «Сколько вам лет? Где работаете? Откуда доход?» — очень непросто.

Поэтому переписчики (в основном студенты строго по рекомендации ректоров) перед началом работы 4 дня учились общаться с населением. Выслушивать всех, даже если помимо анкеты россиянин захочет рассказать о своей судьбе или обсудить политику президента. И правильно задавать вопросы. Например, не спрашивать: «Вы кто?! Русский?!», а дословно перечитать вопрос по подписному листу: «К какой национальности вы себя относите?»

«Примерно в каждой четвертой квартире нас поили чаем или кормили обедом, — рассказывает Лена Чижова, студентка Социального университета. — В одной кавказской семье даже подарили корзину с фруктами. Но это большая редкость: чаще люди все-таки очень недоверчивы. У одной старушки на железной двери было семь замков особой сложности. Полчаса она их открывала. Потом закрывала. А когда мы собрались уходить, оказалось, что какой-то из замков заело[6]. Пришлось вызывать Службу спасения».

Особенно скрытных брали измором[7]. У переписчиков это называется «методы убеждения». Это когда по нескольку раз в день к вам приходят то с представителем Мосгорстата[8], то с участковым[9] и спрашивают, когда же вам будет удобно ответить на вопросы. Если не помогало, пункт переписи открывали прямо в подъезде дома. Ставили стол, стул и ждали, когда хозяин пойдет по делам мимо работников статистики. Рано или поздно россиянин сдавался.

Перед началом работы счетчики подписывают обязательства о неразглашении информации[10]. Нарушителю грозит суд. Статистики обещают: собранные данные не предоставляются ни в милицию, ни в налоговую, ни в военкоматы, ни в ФСБ[11]. К тому же листы с именем, фамилией уничтожаются, и остаются только безличные данные.

Россию перепишут

За 10 лет, прошедших с последней переписи, в России многое изменилось.

Изменились вопросы. Дополнительно к вопросу о «национальности» ввели вопрос о «гражданстве», размер дохода не спрашивают, а просят россиян указать «источники дохода»: проценты от вкладов, прибыль от предпринимательской деятельности. В отличие от графы «семья» теперь переписывается «домохозяйство». В это понятие входит не просто зарегистрированный брак и дети от него, а все лица, проживающие в одной квартире и имеющие общее хозяйство. Сюда можно причислить даже гувернантку.

«По сравнению с другими странами наша перепись — самая дешёвая, — говорит Ирина Збарская, руководитель отдела по переписи Госкомстата[12]. — В США, например, при подобной акции выходит 20 долларов на человека. А в России — всего 70 центов».

В Англии, например, с 1920 года есть закон о переписи, по которому граждане обязаны отвечать на вопросы анкеты. Если откажутся — штраф 400 фунтов или тюрьма. В США есть такой закон аж с 1790 года, и он тоже подразумевает уголовную ответственность за отказ. В России боятся перенимать опыт из-за «негативной реакции населения». Иными словами, любой может послать переписчика куда подальше.

Перепись проводится без проверки документов. Прошлая перепись, например, показала, что замужних женщин в России в два раза больше, чем... женатых мужчин. Впрочем, такое несовпадение характерно и для других стран.

1. перепись — 人口普查
2. кодовые замки — 带有密码的锁
3. домофон — 装有对讲机的门
4. колючая проволока — 带刺铁丝
5. контингент — 某一类人员
6. заесть — 〈一般用于无人称〉что〈口语〉卡住
7. взять измором — 纠缠
8. Мосгорстат — Московская городская статистика 莫斯科市统计局

9. участковый	管片负责人
10. неразглашение информации	不泄露任何信息
11. ФСБ	Федеральная служба безопасности 联邦安全局
12. Госкомстат	Государственный комитет Российской федерации по статистике 俄罗斯联邦国家统计委员会

Задания

1. Переведите следующие словосочетания на русский язык.

1) 进行人口普查
2) 发达国家
3) 学习与人打交道
4) 讨论政治
5) 提问
6) 指出(说出)收入来源

2. Переведите следующие предложения на китайский язык.

1) Перепись стали проводить еще четыре столетия назад.
2) Всюду кодовые замки, домофоны, охрана и железные двери, а за ними — задерганные и никому не доверяющие москвичи.
3) Примерно в каждой четвертой квартире нас поили чаем или кормили обедом.
4) Но это большая редкость: чаще люди все-таки очень недоверчивы.
5) А когда мы собрались уходить, оказалось, что какой-то из замков заело. Пришлось вызывать Службу спасения.
6) Перед началом работы счетчики подписывают обязательства о неразглашении информации.
7) Нарушителю грозит суд.
8) В это понятие входит не просто зарегистрированный брак и дети от него, а все лица, проживающие в одной квартире и имеющие общее хозяйство.

9) В США при подобной акции выходит 20 долларов на человека. А в России — всего 70 центов.
10) Перепись проводится без проверки документов.

Урок 26

Текст 1

Художники и торговцы

Центральный Дом художника известен не только своими выставками, но и тем, что происходит возле его стен. Там обитают художники, продающие свои творения, и торговцы, которым в принципе не важно, чьи шедевры толкать.

Переходные

Лучше всех (по условиям) устроились обитатели подземного перехода. По словам местных продавцов, здесь можно вполне сносно существовать: «Ни жара, ни дожди нам не страшны». Самый ходкий товар — деревенские виды, море и зимние пейзажи, особенно среди... китайских туристов. Они, кстати, готовы торговаться полчаса, требуя чуть ли не 50%-ную скидку. Да и остальные иностранцы из других стран не понимают, что картины продаются по фиксированной[1] цене. Это с художником можно обсуждать, на сколько долларов тянет его натюрморт[2], а продавец — человек подневольный. Но и психологию иностранцев продавцы быстро изучили: получив скидку в 50 руб., чужеземцы готовы заплатить за картину 3–4 тыс. руб.

Кстати, цены здесь самые разные. Есть миниатюры за 100 руб., есть морские пейзажи приличного размера за 200 долл., стоимость зависит и от художника, и от фирмы, взявшейся ее продать. Не все покупатели спрашивают, кто автор, но если личностью художника интересуются, то могут задать и такой вопрос: «А состоит ли данный автор в Союзе художников?» Чем именитее и старее автор, тем скорее уйдут его картины. Ассортимент пополняется через день, самое удачное время — перед праздниками и летом, когда в Москву приезжает множество гостей. Некоторые граждане становятся постоянными покупателями, чаще всего это зажиточные люди с большой квартирой или домом в Подмосковье, которым нужны картины в каждую комнату.

Павильонные

На улице, уже на территории ЦДХ³, обретают другие жители. Павильон, состоящий только из крыши и поддерживающих ее конструкций, поделен на уголки, которые можно арендовать. Место под крышей стоит 450 руб. в месяц, или 15 руб. в день. Нужно прийти до полудня, а то место отдадут другому. Но здесь все так давно друг друга знают, что чужаку не дадут спокойно развернуть торговлю. Многие художники обретаются⁴ возле ЦДХ не первый год. Народ уже немолодой, и отбивать потенциальных клиентов у соседа считается дурным тоном. Правда, некоторым продавцам на приличия наплевать, иной раз они могут себя выдать за автора⁵ и демонстративно ставят автограф фломастером⁶ на оборотной стороне купленной картины.

Хотя иностранцы и ужасаются, в каких условиях выставляются подчас очень неплохие картины, здешний народ на судьбу не жалуется. «Пришел утром, выпил с соседями водочки, дышу свежим воздухом, кругом народ, картины неплохо берут, — говорит один из местных художников. — Конечно, прожить на эти деньги сложно, если только не рисовать на потребу публики или на заказ. Есть у меня один покупатель, которому я уже несколько раз изображал фигуристую обнаженную даму со спины. Но эти «шедевры» я не вешаю рядом с остальными работами, чтобы клиентов не отпугивать»⁷.

Набережные

Если подсчитать, сколько возле ЦДХ обитает художников и сколько продавцов, то получится, что торговцев здесь 70%. Во-первых, не каждый творческий человек наделен коммерческим талантом⁸, во-вторых, условия не располагают⁹. Ну ладно, сидеть в переходе, даже в павильоне без стен неплохо. А вот гражданам на набережной не позавидуешь. Ветер, пыль, дождь, мусор. Но именно на набережной можно найти самые большие полотна.

Раньше никакого запрета на стоянку автотранспорта не было, но теперь стали требовать, чтобы с набережной убрали все до единой машины¹⁰. А ведь в машинах продавцы не только перевозят картины, но и могут полчасика подремать. Последним штрихом¹¹ стало появление неизвестных ребят, которые заявили, что теперь за место под солнцем придется платить около 500 руб. в месяц. И теперь у народа появилась большая проблема — платить деньги за воздух или срочно перебираться в павильон.

1.	фиксированный	固定的
2.	на сколько долларов тянет его натюрморт	他的静物画值多少美元
3.	ЦДХ	Центральный дом художника 中央画家(美术家)之家
4.	обретаться	处在
5.	себя выдать за автора	自己冒充作者(指画商)
6.	фломастер	一种水笔
7.	отпугивать	吓跑
8.	не каждый творческий человек наделен коммерческим талантом	并不是每一个有创造才能的人都能经商
9.	условия не располагают	条件也不让人喜欢
10.	убрать все до единой машины	一个汽车也不剩(全部挪走)
11.	штрих	特征, 特点

Задания

1. Вместо точек вставьте глаголы из текста.

1) Лучше всех (по условиям) ... обитатели подземного перехода.

2) Ассортимент ... через день, самое удачное время — перед праздниками и летом, когда в Москву приезжает множество гостей.

3) Некоторые граждане ... постоянными покупателями, чаще всего это зажиточные люди с большой квартирой или домом в Подмосковье, которым нужны картины в каждую комнату.

4) Многие художники ... возле ЦДХ не первый год, народ уже немолодой, и ... потенциальных клиентов у соседа считается дурным тоном.

5) А вот гражданам на набережной не ...

6) Раньше никакого запрета на стоянку автотранспорта не было, но теперь стали требовать, чтобы с набережной ... все до единой машины.

Глаголы для справок:

Отбивать, позавидуешь, убрали, устроились, становятся, обретаются, пополняется

2. Переведите предложения на русский язык.

1) 最好卖的货是描绘乡村风景、大海及冬天景色的画。
2) 画的价格与画家及卖这些画的公司有关。
3) 应该在中午之前来, 否则地方就会给别人用。
4) 有些卖画的人对礼仪不屑一顾, 有时候他们还会冒充画家。
5) 不是每一个人都具有经商天赋。

Текст 2

Арбатские художники

На день рождения жене решил я преподнести собственный портрет. Для чего и отправился в ряды художников, промышляющих в районе Старого Арбата.

Мультипликатор[1]

«ЧТО вас интересует: портрет или юмор?» — переспросил меня бородач в бейсболке[2]. «Юмора в жизни так мало, изобразите меня как-нибудь посмешнее», — ответил я, усаживаясь на раскладной стульчик. Мы быстро нашли общий язык с Геннадием Тищенко, решившим увековечить[3] мои черты при помощи простого карандаша.

В процессе разговора выяснилось, что в своей параллельной жизни он мультипликатор, отдавший не один год жизни служению «Мульттелефильму». Но пришло постсоветское лихолетье[4], и фабрику по производству мультиков расформировали[5]. Более того, за последнюю работу (две серии анимационного[6] фильма «Амба») ему не заплатили ни копейки. «За клип[7] группы «Дюна» я даже «Овацию»[8] получил в 1994 году, еще я делал мультипликационный видеоролик[9] «Божьей коровке»[10], — признался аниматор. «А что ж вы здесь прозябаете[11] с такими заслугами?» — удивился я. «А куда деваться? Даже в благополучные годы зарплата мультипликатора редко превышала 100 долларов. А сейчас и того хуже». Правда, художник потом признался, что не все так плохо — в ближайшее время выйдет на экраны его новый мультик с фантастическим сюжетом, на читке у теленачальства находится его сценарий мультипликационного сериала[12].

«Какой-то я у вас юный получился и совсем не смешной», — заметил я, забирая свой портрет. «Честно говоря, вы меня с толку сбили[13], сказав, что работаете журналистом», — признался Геннадий Иванович.

Самоучка

Александр Усов, широколицый, упитанный[14] шаржист[15], был следующим моим объектом. В отличие от предыдущего собеседника, профессию свою приобрел на Арбате, беря уроки у уличных мастеров. «А что тут сложного?» — рассуждал Александр о навыках шаржиста. — Как говорят алкаши[16]: наливай да пей. Главное в нашем деле — суметь в двух-трех линиях передать характер человека. Я здесь работаю уже восемь лет, так что опыт большой».

И в жару, и в холод Александр Усов торчит на улице, зарабатывая себе на кусок хлеба с маслом. Цены на его услуги стандартные: 100 рублей — черно-белый шарж, в цвете — уже 200. Портретисты берут подороже — от 300 до 1,5 тыс. (в зависимости от того, чем вас будут рисовать — карандашом, мелками или масляной краской). «Сегодня какой-то странный день, — жаловался мой собеседник, — каждый второй подходит, интересуются ценами, но никто не решается запечатлеть себя. Вы мой первый клиент сегодня. Неужели дорого? Цены ведь не менялись с прошлого года».

Через десять минут рисунок был готов. («Ну вообще ничего общего с оригиналом», — потом скажет моя жена.) Заворачивая в газетку свою работу, Александр Усов посоветовал мне посетить в Интернете сайт[17], на котором помещены его работы. Читатели тоже могут заглянуть, если интересно: www.korifej.narod.ru.

Моей жене ни один рисунок не понравился. «Совсем на тебя не похоже», — заключила она, даже не улыбнувшись при этом.

1. мультипликатор	动画片工作者
2. бейсболка	棒球衫
3. увековечить	使永存
4. лихолетье	动荡时代
5. расформировать	解散
6. анимационный	动画的
7. клип	也叫 видеоклип, MTV

8. овация	鼓掌欢迎，此处指以 овация 命名的奖项
9. видеоролик	有情节的电视音乐短片
10. Божья коровка	瓢虫
11. прозябать	混日子
12. ..., на читке у теленачальства находится его сценарий мультипликационного сериала	电视台领导在审读他的动画片剧本
13. с толку сбить	把……弄糊涂
14. упитанный	养得结实的
15. шаржист	〈口〉画讽刺漫画的画家
16. алкаш	酗酒者
17. сайт	网站

Задания

1. Запомните.

рисовать 素描，画（素描）图画（指用黑色或一两种颜色绘画，但不是画油画。）
~ человека, отца, друга, лошадь, портрет; ~ карандашом, пером; ~ на листке, на стекле, на холсте, на стене; ~ в тетради, в блокноте...

изображать （用艺术形象）描绘出，画出~ человека, ученого, народ...

чертить ① 画（线）；② 绘图，制图~ схему, линию, фигуру...

писать （用油彩、颜料）绘画，画（人物、风景等）~маслом, ~ акварелью, ~ портрет, ~ пейзаж 画风景画

2. Ответьте на вопросы.

1) Где происходит действие?

2) О чем идет речь?

3) Кем работает автор рассказа?

4) Для чего автор отправился в ряды художников на Старом Арбате?

5) Кем работает Геннадий Тищенко?

6) Почему Александр Усов сказал, что у него большой опыт?

Урок 27

Текст 1

Новогодний сюрприз

Скоро-скоро Новый год. И хочется, чтобы Дед Мороз принес в своем заветном мешке долгожданные и неожиданные подарки. Но какие?

Наверное, теплые прежде всего. Декабрь зиму начинает, землю студит[1] и покрывает ее снегом. Да и мороз крепчает. Вот и одеться пора потеплей. А заодно и о подарках подумать к Новому году.

Подарки любят все — и взрослые, и дети. Именно сейчас самое время пройтись по магазинам и купить их своим родным и близким, знакомым и друзьям. Что выбрать в качестве подарка — решает каждый сам, т. к. здесь, пожалуй, все зависит от ваших возможностей и выдумки[2].

Новогодний подарок должен быть сюрпризом. Наш совет — купите кому-нибудь в подарок термобелье[3] фирмы «Морган Миллс». Секрет прост: подходит абсолютно всем, ограничений в возрасте — никаких. Область применения[4] — самая разнообразная. Срок годности — не ограничен, кроме того, тестирован и проверен НИИ медицины труда Российской академии медицинских наук. И самое главное — в нем тепло и легко.

Сейчас, когда зима вступила в свои права[5], болеть совсем не хочется, да и Новый год не за горами[6] — праздник радостный и любимый, пахнущий елками и соснами. Где-то бродит Дед Мороз, и в его мешке может оказаться термобелье фирмы «Морган Миллс», если вы заранее об этом позаботитесь. Вот уж радость будет тому, кто получит такой подарок: будь то ребенок или взрослый. Потому что вещь это необходимая, особенно с наступлением холодов. Термобелье на вид хоть и тонкое (пряжа[7] из 100%-ного хлопка или с добавлением современных химических волокон[8]), но надолго сохраняет тепло тела — зимой это особенно важно. А представьте, как удобно надеть его, если вы собрались на лыжную прогулку всей семьей? Подумайте, какой отличный подарок для всей семьи! Или на зимнюю рыбалку? Или на загородную прогулку? Или просто на работу, потому что благодаря своему внешнему виду — элегантному и привлекательному — его спокойно можно надеть под пиджак, тем более что расцветки[9] термобелья весьма разнообразны. Вид от этого получится только стильный и современный.

Но и это еще не все. Если ваш подарок дополнить термоносками, радости будет еще больше. А при желании термоноски можно подарить отдельно всем членам семьи или друзьям и знакомым.

Новый год приближается неумолимо быстро. В магазинах вы найдете изобилие[10] товаров. Но прислушайтесь к нашему совету: термобелье и термоноски — отличный подарок к Новому году, а в красивой упаковке — вдвойне. Порадуйте своих близких вниманием и заботой.

1. студить		弄得冰凉
2. выдумка		想像力
3. термобелье		保暖内衣
4. область применения		适用范围
5. зима вступила в свои права		冬季当令, 正值冬季
6. не за горами		不远, 快到
7. пряжа		纱线
8. волоконо		纤维
9. расцветка		色彩
10. изобилие		大量

Задания

Переведите предложения на русский язык.

1) 新年快到了, 你会收到盼望已久的礼物的。

2) 无论是大人还是孩子, 都喜欢读书。冬天正是逛书店的时候。

3) 这种保暖内衣适合所有人, 没有年龄限制, 最主要的是, 穿着它既暖和又轻巧。

Текст 2

Шкаф-купе — дизайн нового тысячелетия

Шкаф-купе, скажем, потому так и назван, что имеет откатные двери на роликах[1], как в купе вагона поезда. Шкаф встраивается в любую нишу, в любой свободный угол и занимает только то место, на котором стоит, ведь у него нет распашных дверей[2].

Московская фирма «Симплекс» делает шкафы-купе на немецком оборудовании и по канадской технологии на своём производстве — в Подмосковье. Поэтому срок изготовления заказа (в отличие от зарубежного аналога) — всего несколько дней.

Делая проект квартиры или просто оптимально планируя пространство комнаты или коридора, не нужно ломать голову над вариантами расстановки — лучше получить бесплатную консультацию специалиста фирмы «Симплекс», который не только посоветует, где лучше установить шкафы, но и произведёт необходимые замеры[3] и оформит заказ прямо у вас дома.

Для шкафов-купе «Симплекс» используются только патентованные[4] роликовые механизмы и фурнитура[5], обеспечивающие многолетнюю безотказную работу «механики шкафа».

«Симплекс», в отличие от остальных фирм, производит разнообразную мебель на основе шкафов-купе. Судите сами: криволинейные[6] элементы, закругления[7], дуги[8], комбинированные двери из стекла и из зеркала, навесные полки[9], столы из ДСП[10] и стекла, подсветка и многое другое.

Кроме мебели «эконом-класса» предлагаются и элитные шкафы из ДСП, фанерованной[11] дубовым шпоном[12] различных цветов. Сочетание натуральных природных материалов с современными технологиями придаёт этой мебели особую изысканность.

И наконец, о качестве не только материалов, но и выполняемых работ. Благодаря внедрению передовых западных технологий в бизнеспроцессах «Симплекс» достиг рекордных для российского рынка показателей надёжности в обслуживании клиентов. Это — точность исполняемого заказа, неукоснительное[13] соблюдение сроков поставки, высокопрофессиональный персонал.

Так что добро пожаловать в компанию 《Симплеко》! Высокотехнологичные шкафы –купе откроют для вас новые пространства вашего интерьера — интерьера будущего.

1. откатные двери на роликах	带小轮子的推拉门
2. распашные двери	对开门
3. замер	测量
4. патентованный	专利的
5. фурнитура	辅料，配料
6. криволинейный	曲线的
7. закругление	磨圆
8. дуга	弧形
9. навесные полки	吊挂式书柜
10. ДСП	древесно-стружечная плита 刨花板
11. фанерованный	用贴面板做面的
12. шпон	薄板片
13. неукоснительный	严格的

Задания

Переведите следующие предложения на русский язык.
1) 带小轮子的推拉门   2) 对开门
3) 德国设备   4) 加拿大工艺

Текст 3

Качество жизни в любом возрасте

Медики хорошо знают известный афоризм: 《Возраст человека определяется возрастом его сосудов》. Это значит, что в значительной степени скорость старения человека определяется состоянием его сосудистой системы. С течением времени стареет наш мозг, причем далеко не всегда это связано с фактическим возрастом. Хроническая усталость, немотивированная[1] раздражительность[2], массу эмоций вызывают те мелочи, на которые раньше вообще не обращал внимания, приходится тратить больше времени на прежний объем работы. Появляются головные боли, головокружения, иногда шум в ушах или голове, забываются знакомые номера телефонов и фамилии. Все это — первые признаки атеросклероза[3] мозговых сосудов, то есть хронической недостаточности мозгового кровообращения.

Как же с этим бороться? Лекарственных средств существует много. Танакан — один из наиболее эффективных медикаментов этого ряда. В состав этого оригинального препарата[4] входит более 40 активных и уникальных ингредиентов. Оказывая позитивное влияние на процессы обмена веществ в клетках, реологические[5] свойства крови и микроциркуляцию[6], нормализуя тонус[7] сосудов, Танакан не только улучшает мозговое кровообращение, но и повышает жизненную активность человека: заметно возрастает бодрость, активность, улучшается внимание, память и, как следствие, общая работоспособность. Нормализуются и функции эмоциональной сферы: человек становится спокойнее, сдержаннее, у него повышается настроение, исчезают тревожно-депрессивные реакции на жизненные трудности. Нельзя не отметить незаменимых свойств Танакана для лечения больных, перенесших нарушения мозгового кровообращения вследствие травмы головы. Танакан снимает боли в ногах при эндартеритах[8] и диабетических[9] обменных нарушениях, уменьшает отеки[10], применяется также для лечения сосудистых заболеваний глаз, головокружениях.

Такой широкий диапазон применения связан, в частности, с тем, что Танакан практически не вызывает каких-либо нежелательных эффектов, прекрасно переносится и сочетается с любыми лекарственными средствами. Еще один важный момент: к этому препарату нет привыкания, его можно принимать сколь угодно долго. Только не нужно ждать от Танакана немедленного чуда[11]. Необходимо, как правило, 3–4 недели, чтобы он реализовал заложенные в него возможности. Трехмесячный регулярный прием Танакана по 1 таблетке (или 1 дозе питьевого раствора) 3 раза в день во время еды гарантирует сохранение лечебного эффекта в течение 10–12 месяцев.

Врачи рекомендуют принимать Танакан тогда, когда сосуды еще хорошо реагируют, тем самым вы будете защищены от раннего атеросклероза. В пожилом возрасте это средство, конечно, молодости не вернет, но принесет максимально возможную пользу.

1. немотивированный	无理由的
2. раздражительность	容易动怒
3. атеросклероз [тэ]	动脉粥样硬化
4. препарат	制剂
5. реологический	血液循环的
6. микроциркуляция	微循环
7. тонус	〈生理,医〉紧张,紧张度
8. эндартерит	动脉内膜炎
9. диабетический	糖尿病的
10. отек	肿,积水
11. Только не нужно ждать от Танакана немедленного чуда	只是不要指望它很快见效

Задания

1. Переведите предложения на русский язык.

1) 在很大程度上,人的衰老是由其血管的状况决定的。
2) 随着时间的推移,人的大脑会衰老,但这远远不总是与人的实际年龄有关。
3) 这种药不会引起任何不良后果。
4) 按时服药3个月,可以保证药效持续10—12个月。

2. Запомните.

хроническая болезнь	慢性病
врожденная болезнь	先天病
часто встречающаяся болезнь	常见病
широко распространенная болезнь	多发病
побочное действие	副作用
ринит	鼻炎
трахеит	气管炎
туберкулез	肺结核
эзофакит	食道炎

Урок 27

язва желудка	胃溃疡
энтерит	肠炎
гастрит	胃炎
артрит	关节炎
фарингит	咽炎
тонзиллит	扁桃体炎
таблетка	药片
пилюля	药丸
порошок	药粉
капсула	胶囊
эмульсия	乳剂
сироп	糖浆

Текст 4

Идеальный климат в доме — из мечты в реальность

Зима, как обычно, приходит неожиданно. Не успеешь оглянуться, а на улице уже ледяной ветер, минусовая температура и на окнах изморозь... Конечно, как известно, «у природы нет плохой погоды», но все хорошо в меру: холод и ветер — за окном, а изморозь — на уличных лужах. А дома мы хотим чувствовать себя камфортно — в тепле, уюте и никаких сквозняков, гуляющих по квартире, и простуд. Обладатели старых деревянных окон, готовясь к зимнему сезону, уже подумывают о ежегодной реставрации и заклейке окон, сталкиваясь при этом с массой разных неудобств...

Однако создать совершенный климат в Вашем доме раз и навсегда, превратив в реальность мечту о современном уюте, доступно практически каждому. Идеальный выход в такой ситуации и решение многих вопросов, связанных с зимним периодом, — это замена Ваших старых конструкций на современные окна, изготовленные из высококачественных материалов по новейшим европейским технологиям. Такие окна, приобретающие на российском рынке все большую популярность, давно уже являются не роскошью, а необходимым элементом домашнего и офисного интерьера.

На сегодняшний день окна предлагают многие, но по-настоящему качественные и надежные окна — это отдельная история. Лучше всего обращаться к профессионалам. Московская компания «Симплекс», вот уже 8 лет внедряющая на российский рынок новейшие европейские технологии, создающие уют в Вашем доме, предложит Вам высококачественные окна с разнообразной фурнитурой и функциональными характеристиками — то, что Вы выберете сами. С окнами от «Симплекс» Вам будут не страшны никакие холода, Вы навсегда забудете, что такое сквозняки и уличный шум в Вашем доме. Они сделают Ваше жилище уютнее и сохранят ту внутреннюю атмосферу, которая наполняет Ваш дом радостью. Специалисты кампании «Симплекс», приехавшие по Вашему звонку, бесплатно выполнят замеры Ваших окон, проконсультируют и вместе с Вами подберут наиболее приемлемую модель, варианты ее установки и фурнитуру. Кроме того, для Вас постоянно действуют сезонные скидки, а соответствие всех используемых материалов и технологий Техническим Условиям, утвержденным Госстандартом России, обеспечит Вашим окнам долгосрочную гарантию.

Окна компании «Симплекс» — лишнее подтверждение тому, что современные технологии позволяют сделать жизнь каждого из нас уютной, комфортной и надежной.

Задания

Закончите предложения, пользуясь материалом текста.

1) Зима, как обычно, приходит неожиданно. Не успеешь оглянуться, ...

2) Конечно, как известно, «у природы нет плохой погоды», но все хорошо в меру: ...

3) А дома мы хотим чувствовать себя камфортно...

4) Такие окна, приобретающие на российском рынке все большую популярность, ...

5) Московская компания «Симплекс», вот уже 8 лет внедряющая на российский рынок новейшие европейские технологии, создающие уют в Вашем доме, ...

6) Специалисты кампании «Симплекс», приехавшие по Вашему звонку, ...

Урок 28

Текст 1

Московскому трамваю — 100 лет

Сегодня столичный трамвай влачит жалкое существование. Сейчас в Москве действует 34 маршрута, на которых работает 884 трамвайных вагона, большей частью отечественных.

Что же такое трамвай для москвичей? Какова история этого вида общественного транспорта? Об этом наш материал.

Стоит ли говорить, что уже в 80-х гг. 19-ого века предпринимались многочисленные попытки заменить конную тягу[1] на «механическую» или, точнее говоря, на единственно возможную в те годы — паровую. Однако перспектива появления паровоза на городских улицах не вызвала энтузиазма у москвичей. Бытовало мнение, что от паровозных искр Москва будет гореть, а встречные лощади при виде действующего паровоза станут шарахаться[2] в сторону. Поэтому на паровую тягу перевели только две линии, проходившие по тогдашним московским пригородам: одна линия связывала Бутырскую заставу с селом Петровско-Разумовские, другая проходила на Воробьевых горах и вела к модному ресторану Крынкина. Эксплуатация этих линий началась в 1886-1889 гг. и возлагаемых на них надежд они не оправдали[3]. Так, на второй линии паровая тяга была вскоре опять заменена конной...

... «Двинут вагон электрической силою»...

«22 августа 1880 года в 12 часов дня в С-Петербурге... первый раз в России двинут вагон электрической силою»... Так описывали перербургские газеты величайшее изобретение русского инженера Федора Пироцкого, доказавшего возможность применения электрической энергии для транспортных целей. И последнее десятилетие XIX века стала началом широкого внедрения электрического трамвая в городах Российской империи. В 1892 г. трамвай пошел в Киеве, в 1896-м — в Нижнем Новгороде, в 1897-м — в Риге и Екатеринославе.

Выражаясь современным языком, московская конка[4] в то время не была «естественной монополией»[5]. Часть маршрутов обслуживало «Первое общество конно-железных дорог», основанное графом Уваровым в 1873 г. Другую часть маршрутов обслуживало «Второе общество», созданное в конце 80-х гг. XIX века при помощи бельгийского капитала, отчего его нередко именовали просто «Бельгийским». Как мы видим, оба этих «общества» были частными. Их взаимоотношения были довольно сложными. С одной стороны, между ними существовал ряд договоренностей (например, о совместной эксплуатации некоторых линий), а с другой — шла ожесточенная конкуренция, ибо московская конка была высокодоходным преприятием.

В 1895 г. «Первое общество» обратилась в городское управление (Думу) с предложением заменить на некоторых улицах Москвы конку электрическим трамваем. Для того чтобы рассмотреть этот проект, Думе понадобилось... три года, причем проект был отвергнут: сказалось[6] противодействие извозопромышленников[7], «Бельгийского общества», администрации телефона и телеграфа и, наконец, простых москвичей, опасавшихся контактного провода, который при обрыве будет «убивать прохожих посредством высокого напряжения».

Однако такое решение Думы нисколько не озадачило[8] руководство «Первого общества». На свой страх и риск[9], без всякого разрешения московских властей оно стало перестраивать свою коночную линию от Страстной (ныне Пушкинская) площади до Петровского парка общей протяженностью 5,5 км. Подвижной состав состоял из вагонов, изготовленных бельгийской фирмой «Фолкенрайт». Эти вагоны внешне напоминали своего предшественника - конку. Они были угловатыми, с полностью открытыми площадками спереди и сзади, на каждой из которых могло находиться по 9 человек. Еще 20 человек помещались в салоне, куда осуществлялся проход с площадок через раздвижные двери. Максимальная скорость его составляла 25 верст (27 км) в час. Разумеется, никакой кабины водителя не имел. Вагоновожатый располагался на передней площадке, в пассажирской толчее[10]. А чтобы он ненароком не заснул при движении вагона, рукоятка контроллера и тормоз располагались так, чтобы управлять ими можно было только в положении стоя...

К началу весны 1899 г. все было готово к пуску. Но тут в дело вмещался непредвиденный случай: на ходовых испытаниях трамвайный вагон обогнал лучшую тройку обер-полицмейстера[11] Москвы Трепова. По-видимому, последий не был человеком прогрессивным, ибо вслед за этим последовал грозный указ 《Не пущать!》 И трамвай... не пустили. Или, точнее, пустили, но только на загородном участке трассы от Бутырской заставы до Петровского парка. Дело в том, что это была уже не московская территория, и власть господина Трепова на этот район не распространялась. Открытие линии состоялось 25 марта (7 апреля) 1899 г. На линии работало пять вагонов.

Только вмешательство Министерства внутренних дел позволило отменить нелепый приказ московского обер-самодура. И 27 июля (8 августа) того же 1899 г. началось движение трамваев по всей линии. Весьма мудреным был и тариф на трамвайные перевозки, ибо он зависел от многих факторов — дальности поездки, места в вагоне и даже времени поездки (в вечерние часы тариф удваивался). Да, нелегко приходилось работать кондукторам в те годы...

《Золотой век》 московского трамвая

Наверное, началом 《золотого века》 московского трамвая можно считать 1901 год. Тогда московское городское самоуправление выкупило всю собственность у 《Первого общества》. Началась быстрая замена конки трамваем: к 1908 г. вся сеть, принадлежавшая 《Первому обществу》, была переведена с конной на электрическую тягу.

Разумеется, рост трамвайной сети требовал увеличения численности подвижного состава. На улицах столицы появлялись новые, более совершенные типы вагонов. В 1902 г. на московские улицы вышли далекие предшественники нынешних 《Татр》 — чешские 《Рингхофферы》, более совершенные по ходовой части по сравнению с 《Фолкенрайтами》. Затем появились немецкие вагоны МАН. Это были первые трамвайные вагоны, имевшие ветровые стекла. Кроме того, было поставлено около 20 четырехосных[12] вагонов МАН с тремя открытыми площадками (одна — посередине, почти как у современного вагона).

Только в 1907 г. первый отечественный трамвай появился на московских улицах. Он получил серию 《Ф》 (《фонарный》 из-за большого светового фонаря (остекления крыши для улучшения освещенности салона в светлое время суток). Любопытно, что все электрическое оборудование вагона «Ф» было изготовлено в России и ничем не уступало западному. О надежности вагонов этой серии свидетельствует тот факт, что они проработали на столичных улицах до начала 60-х гг.

Популярность трамвая росла из года в год. В 1911 г. он полностью вытеснил конку с московских улиц. При этом трамвай был одной из наиболее доходных статей городского бюджета, принося до 8–9 млн. руб. чистой прибыли в год.

Большую роль сыграл трамвай в годы Первой мировой войны. Почти полное отсутствие автомобильного транспорна и мобилизация гужевого[13] заставила московских трамвайщиков взять на себя львиную долю[14] внутригородских перевозок. Трамвай возил грузы, раненых, появились даже почтовые вагоны. Два грузовых трамвайных вагона, переделанных из пассажирских вагонов МАН в Замоскворецком трамвайном парке, сослужили, пожалуй, самую необычную службу в истории столичного трамвая. В преддверии уличных боев ноября 1917 г. группа рабочих под руководством бывшего балтийского матроса Петра Апакова превратила их в бронепоезд, появление которого на улицах города стало весьма неприятным сюрпризом для антибольшевистских сил.

Разруха, вызванная Первой мировой и Гражданской войнами, нанесла сокрушительный удар по московскому трамваю: из 1318 вагонов, бегавших по улицам Москвы в 1913 г., к 1920-му только 45 могли кое-как двигаться. А вот недостаток рабочих рук был буквально катастрофическим. Уже в 1915 г. московский трамвай стал принимать на работу женщин, правда, только кондукторами, но тогда и это было сенсацией.

Нэп[15] оживил столичную экономику, вдохнул жизнь в московские заводы и фабрики. Многолюднее стало и на столичных улицах. К концу 1925 г. московский трамвай в основном оправился от разрухи и по количеству перевезенных пассажиров превзошел 1913 г. почти в полтора раза. Перед московскими трамвайщиками вставали новые проблемы — необходимость дальнейшего развития сети, замена изношенного разнотипного подвижного состава.

В 1926 г. на улицы Москвы вышли первые трамвайные вагоны

послереволюционной (т.е. советской) постройки. По сути дела, конструкторы первого советского трамвая ничего нового не создали. Взяв за основу[16] дореволюционный вагон серии «Ф», они предельно упростили[17] его. В первую очередь вагон лишился своего главного фонаря. Кстати, именно это и отозвалось на той серии, которая была ему присвоена — «БФ» («бесфонарный»). И хотя по своим техническим данным уже тогда его можно было считать морально устаревшим, Коломенский завод выпустил около тысячи вагонов этой серии. На долгие годы они станут чем-то вроде «визитной карточки» столичного трамвая: даже в 1941 г. на долю вагонов «БФ» придется около 70% трамвайного парка[18]. Свою лепту[19] в пополнение трамвайного парка столицы вносил и Мытищинский вагоностроительный завод — здесь изготовлялись прицепные вагоны, получившие серию «М». Однако и они не обеспечивали потребностей возрастающего пассажиропотока. Столице требовались вагоны повышенной вместимости, и такие вагоны были созданы на Коломенском заводе, отчего и получили серию «КМ» и «КП» (Коломенский моторный и Коломенский прицепной соответственно). Спроектированные по негласному принципу тех лет «надежность и прочность — превыше всего», эти вагоны, не блистая особой комфортабельностью, оказались тем не менее очень долговечными. Последние вагоны «КМ» были сняты с линий только в 1974 г., а один прицепной «КП» прослужил в качестве вагона-путеизмерителя аж до 1986 г. А всего в конце 20-х — начале 30-х гг. столица получила 247 вагонов «КМ» и 314 «КП».

Еще в 20-е гг. начали искать альтернативу трамваю[20]. Уже в 1929-м были сняты рельсы на Тверской — здесь пошел автобус. В 1934-м троллейбусная линия вытеснила трамвай и с Арбата. Но трамвай продолжал оставаться основным видом городского транспорта.

1933 г. стал апогеем[21] развития московского трамвая. 2500 вагонов перевезли тогда 1 млрд. 890 млн. пассажиров! Изношенность пути, перегруженность линий маршрутами (по некоторым улицам их проходило семь-восемь) привели к резкому падению скорости движения[22]. Так, в 1935 г. в центре столицы она не превышала 10 км в час. Это способствовала убеждению власть имущих, что трамвай — транспорт без будущего. Между тем в том же 1935-м перед москвичами и гостями столицы распахнулись двери станций первой очереди Московского метрополитена. Какими же устаревшими и тихоходными в одночасье[23] стали казаться вагоны московского трамвая! Но столичные трамвайщики сдаваться не собирались. Их усилия были направлены на создание вагонов, по комфорту и быстроходности не уступающих вагонам метро и при этом непременно бесшумных.

Эта сложная задача была успешно решена конструкторами Сокольнического вагоноремонтного завода (СВАРЗ). Созданный ими вагон имел длинный 15-метровый обтекаемый кузов[24]. Вместо традиционных деревянных скамеек впервые были установлены мягкие сиденья. Колесные пары имели шумопоглощающие прокладки. Вагон двигался почти бесшумно.

Уже 3 июля 1941 г. трамвайщики Москвы приступили к выполнению своего первого боевого задания. Они начали развозить мешки с песком сначала для прикрытия витрин, а затем и для строительства баррикад. Фронт приближался к столице с каждым днем, все чаще и ожесточеннее становились бомбежки. А когда положение на фронте стало совсем критическим и немецкие мотоциклисты оказались буквально в двух шагах от Северного речного вокзала, московский трамвай включился в воинские перевозки. В общей сложности[25] в 1941–1945 гг. было перевезено 5 млрд. 711 млн. пассажиров! В 1947 г. московский трамвай был награжден орденом Трудового Красного Знамени.

В том же 1947-м началась генеральная модернизация трамвайного парка Москвы. Часть вагонов «Ф», «БФ» и «КМ» была отправлена в другие города, чье трамвайное хозяйство пострадало во время войны. На смену им пришли новые вагоны, спроектированные на Тушинском машиностроительном заводе. Им была присвоена серия «МТВ-82» (Московский трамвайный на заводе № 82 — такое обозначение имел Тушинский завод в целях конспирации). Этим вагонам со временем было суждено стать одними из самых распространенных в СССР. В 1950 г. их производство было передано в Ригу, где их выпускали вплоть до 1960 г.

Закат московского трамвая

Уверенность в том, что у трамвая нет никакого будущего, окончательно укоренилась в головах столичных руководителей в первые послевоенные годы. Кампания по массовой ликвидации трамвая развернулась в столице еще в 1948 г. Спора нет, где-то трамвай очень мешал. В 1957 г. разорвалось кольцо трамвайных линий вокруг центра Москвы — трамвай полностью ушел с Садового кольца, в 1963-м — с Балчуга и Пушкинской площади, в 1971-м, после разборки трамвайных линий на Большой Грузинской улице, трамвайная сеть столицы развалилась на две самостоятельные части. И это несмотря на то, что еще в 1959-м на московских улицах появились бесшумные «Татры», которые в 1982 г. полностью вытеснили вагоны других типов.

1.	конная тяга	马力牵引
2.	шарахаться	(因受惊而)急速闪开
3.	и возлагаемых на них надежд они не оправдали	但它们辜负了人们对它们所寄予的希望
4.	конка	〈口〉有轨马车(有轨电车出现前的一种市内交通工具)
5.	монополия	垄断
6.	сказаться	显现出,影响到
7.	извозопромышленник	(用马车载客、运货的)运载业主
8.	озадачить	使……为难,使……困惑
9.	на свой страх и риск	自己担风险
10.	толчея	拥挤
11.	обер-полицмейстер	警察总长
12.	четырехосный	四轴的
13.	гужевой	兽力拉车的
14.	львиная доля	最大的一份
15.	Нэп	новая экономическая политика 苏联(1921—1936年)的新经济政策
16.	взять что за основу	以……为基础
17.	упростить	简化
18.	даже в 1941 г. на долю вагонов «БФ» придется около 70% трамвайного парка.	甚至在1941年,《БФ》车厢占有轨电车车厂的70%。
19.	лепта	贡献
20.	Еще в 20-е гг. начали искать альтернативу трамваю.	还是在20年代就开始寻找有轨电车替代品
21.	апогей	权盛时期

22. Изношенность пути, перегруженность линий маршрутами (по некоторым улицам их проходило семь–восемь) привели к резкому падению скорости движения.	路段的磨损，线路的拥挤（一些街道竟有七八条线路）导致行驶速度急剧下降
23. в одночасье	一下子
24. обтекаемый кузов	流线型车体
25. в общей сложности	总计

Задания

1. Отметьте «Да» или «Нет».

1) Часть маршрутов обслуживало «Бельгийское общество».

2) Московская конка была высокодоходным предприятием.

3) В 1895 г. «Первое общество» обратилось в городское управление с предложением заменить на некоторых улицах Москвы конку электрическим трамваем.

4) «Бельгийское общество» поддерживало предложение «Первого общества».

5) Тариф на трамвайные перевозки зависел от многих факторов — дальности поездки, места в вагоне и даже времени поездки.

6) Началом «золотого века» московского трамвая можно считать 1801 год.

7) Только в 1907 г. первый отечественный трамвай появился на московских улицах.

8) Большую роль сыграл трамвай в годы Первой и Второй мировых войн.

2. Запомните словосочетания, выражения и предложения.

1) бытовало мнение

2) выражаясь современным языком

3) на свой страх и риск

4) без всякого разрешения

5) максимальная скорость

6) все готово к пуску

7) тариф на трамвайные перевозки

8) Популярность трамвая росла из года в год.

9) взять на себя львиную долю

10) Нэп оживил столичную экономику.

11) взять за основу что

12) искать альтернативу трамваю

13) Троллейбусная линия вытеснила трамвай с Арбата.

14) Их усилия направлены на создание комфортных вагонов.

15) приступить к выполнению задания

16) Трамвай включился в воинские перевозки.

17) в общей сложности

18) Трамвайное хозяйство пострадало во время войны.

Урок 29

Текст 1

Как спасти себя

- 1. Как вести себя в замкнутом пространстве и кромешной тьме[1]?
- 2. Как уберечься от осколков?
- 3. Как спасти себя и не навредить другим?

Любого приезжего, снявшего номер в японской гостинице, наверняка удивит одна деталь: над кроватью висит маленький фонарик. На первый взгляд странно, правда? На самом же деле ничего странного. Землетрясение, как и взрыв, случается внезапно. И на первых порах самое страшное, что может произойти с человеком, — так это то, что он окажется в кромешной темноте, в замкнутом пространстве. Будительные японцы не могут предсказать землетрясение, зато они могут предвидеть его последствия и, следовательно, смягчить их, насколько это возможно.

Вот именно с такой позиции мы и попробуем проанализировать опыт трагедии.

Первая опасность: замкнутое пространство. Подземный переход, перрон метрополитена, автобус или трамвай, концертный зал, лифт — любой из перечисленных объектов уже сам по себе является источником угрозы. Я, как и вы, не могу отказаться от общественного транспорта даже перед лицом опасности. Но, по крайней мере, мы с вами можем размыть грани «часа пик» — придите на работу пораньше или уйдите с нее, любимой, чуть позже. Одним словом, не попадайте в давку[2], причем не только потому, что из толпы выбраться почти невозможно, а еще и потому, что здесь царит такая суетная неразбериха[3], что вряд ли вы увидите ту самую подозрительную сумку, «оставленную без присмотра». Поменяйте свой график, исключите из него «пиковые»[4] ситуации.

Вторая опасность: темнота. Чтобы оказаться в кромешной тьме, совсем необязательно дожидаться взрыва[5]. Согласитесь, что вы почувствуете себя гораздо увереннее и защищеннее, если не окажетесь в темном переулке, погрузившемся во мрак подъезде или даже у дверей собственной квартиры. Следовательно, в целях общей безопасности договоритесь с соседями и вкрутите лампочки возле своего дома. Излишне говорить, что хорошее освещение в подъезде, исправный домофон[6], закрытые на ключ подвалы и чердаки — все это снизит риск появления у вашей двери «нежелательных гостей». И совсем нелишней мерой предосторожности будет, если вы по примеру дисциплинированных японцев приобретете для себя маленький фонарик. Луч света может оказаться спасительным...

Опасность третья: задымленность. Взрывы, как правило, сопровождаются пожарами. Как бы страшно вам ни было, вы твердо должны помнить о двух «нельзя». Нельзя в страхе забиваться в укромный уголок[7] — там вас никто не найдет, и вы либо задохнетесь в дыму, либо погибнете в пламени. Нельзя дышать дымом, большинство жертв пожаров гибнет не от пламени, а именно от дыма. Любая мокрая тряпка, прижатая к лицу, принесет облегчение, убережет от ожогов верхних дыхательных путей[8]. Но если под рукой нет ничего — постарайтесь пригнуться как можно ниже, вплоть до того, что встаньте на четвереньки[9], а то и вовсе ползком пробирайтесь к выходу. Известен случай, ставший уже классикой катастроф, когда женщина с двумя маленькими детьми, спасаясь от пожара, побежала вверх по лестнице, и там они все трое задохнулись от дыма. Увы, если выбирать между дымом и огнем, то лучше попытаться прорваться сквозь пламя. В этом случае есть хоть какой-то шанс, что удастся уцелеть, в дыму же — такой надежды нет.

Опасность четвертая: осколки. При взрыве все может стать смертоносным оружием: витринные стекла, алюминиевые и железные уголки, куски арматуры и так далее. Если рядом с вами прозвучал взрыв или началась стрельба, то вам может пригодиться жестокий фронтовой принцип: «Лучшая защита от осколков — ваш сосед». Никуда не бегите, ложитесь на пол, если возможно, спрячьтесь за укрытием — колонной, перевернутым столом. Примите защищающую вас позу: руки за голову, ладони прикрывают шею, локти — бока и живот. Если с вами дети, выход один — укройте их собой.

Опасность пятая: давка. Скопление людей, охваченных паникой или впавших в ступор[10], одинаково опасно. Действуйте молниеносно, как на пожаре. Первое, что вы должны сделать, — избавиться от вещей, сковывающих ваши движения, от очков, галстука, шарфа, зонтика. Потуже затяните шнурки и их свободные концы тщательно заправьте в ботинки. Если вокруг битое стекло, туфли — пусть даже и на высоком каблуке — не снимайте. Просчитайте свой маршрут. Паническое бегство всегда направлено в сторону от опасности. Ищите альтернативное решение[11], потому что именно там, на выходе, начнется сейчас давка. А здесь, в эпицентре трагедии, уже все самое худшее случилось. Если нет задымления, то, может быть, не стоит слишком спешить? Не лишайте себя возможности здраво оценить обстановку.

Опасность шестая: не навреди. Конечно, в такой трагической ситуации очень хочется помочь людям. Все, что вы можете, — это оттащить пострадавшего в более безопасное место. Или зажать кровоточащую рану. Но самое правильное — немедленно дать знать о случившемся. Принцип действия: ищите дежурного.

ЛУЧШИЙ СПОСОБ ВЫЖИВАНИЯ

- Шансы всегда есть у тех, кто сохраняет спокойствие.
- Увы, у современного горожанина, как у десантника, должен быть свой НАЗ (носимый аварийный запас): 1) документ, в котором указана ваша группа крови; 2) индивидуальный перевязочный пакет; 3) фонарик (если перечисленное выше никому из нас не понадобится, тогда будем считать, что жизнь стала налаживаться).
- Не стесняйтесь проявить бдительность.

1. кромешная тьма	漆黑一片
2. давка	非常拥挤
3. неразбериха	一团糟;混乱
4. пиковый	倒霉的,不愉快的
5. чтобы оказаться в кромешной тьме, совсем необязательно дожидаться взрыва	不一定要等到爆炸来临才会处于黑暗之中
6. домофон	带对讲机的门

7. укромный уголок	僻静的角落
8. дыхательные пути	呼吸道
9. встать на четвереньки	四肢着地
10. скопление людей, охваченных паникой или впавших в ступор	惊惶失措或陷入半混乱状态的人的聚集
11. искать альтернативное решение	做出抉择

Задания

1. Ответьте на вопросы по тексту.

1) Какие опасности перечислены в тексте?
2) Почему в японской гостинице над кроватью висит маленький фонарик?
3) Почему автор считает, что нельзя попадать в давку?
4) В каком случае люди почувствуют себя гораздо увереннее и защищённее?
5) О каких двух «нельзя» люди должны твёрдо помнить?
6) Что может стать смертоносным оружием при взрыве?

2. Закончите предложения, пользуясь материалом текста

1) Будительные японцы не могут предсказать землетрясение...
2) Подземный переход, перрон метрополитена, автобус или трамвай, концертный зал, лифт...
3) Излишне говорить, что хорошее освещение в подъезде, исправный домофон, закрытые на ключ подвалы и чердаки...
4) И совсем нелишней мерой предосторожности будет, ...
5) В этом случае есть хоть какой-то шанс, ...
6) Примите защищающую вас позу: ...
7) Первое, что вы должны сделать, — избавиться от вещей, ...
8) Если вокруг битое стекло, туфли...

Текст 2

Спокойствие, только спокойствие

Если в автобусе начался пожар, немедленно разденьтесь

Для тысяч москвичей общественный транспорт — неотъемлемый атрибут[1] повседневной жизни. Отправляясь на работу, в гости, институт или магазин, большинство жителей столицы бесстрашно атакуют автобусы, троллейбусы, трамваи и маршрутки.

К сожалению, при всех своих плюсах общественный транспорт таит немало опасностей. Например, в троллейбусе, который каждый день отвозит вас на работу, может поджидать карманник-ловкач. Автобусы имеют нехорошую «привычку» ломаться посреди дороги, а маршрутки вылетать на встречную полосу со всеми вытекающими отсюда последствиями[2].

Ужас и страх толкают людей на безумные поступки, которые могут стоить жизни[3] не только им самим, но и окружающим. Классический пример[4] — пожар в салоне автобуса или троллейбуса, когда спасение, по большому счету, зависит лишь от выдержки[5] и самообладания[6] человека.

СОВЕТ ПЕРВЫЙ. Помните, что в первую очередь о возгорании[7] нужно сообщить водителю. Следя за дорогой, он не замечает, что происходит в салоне.

СОВЕТ ВТОРОЙ. Главное — не поддаваться панике[8]! Только самообладание поможет вам правильно оценить ситуацию.

СОВЕТ ТРЕТИЙ. Защититесь от дыма. Снимите шарф, платок, рубашку, свитер — что угодно — и прикройте одеждой рот и нос. Помните, что первая опасность при пожаре в транспорте не огонь, а ядовитые газы от горящего пластика. Иногда достаточно нескольких вдохов[9], чтобы потерять сознание.

СОВЕТ ЧЕТВЕРТЫЙ. Находясь в салоне, старайтесь не касаться металлических частей. Из-за обгоревшей изоляции[10] они могут оказаться под напряжением[11].

СОВЕТ ПЯТЫЙ. Если опасность, по вашему мнению, не слишком велика, попытайтесь самостоятельно справиться с пожаром с помощью огнетушителя, который должен находиться в салоне. В крайнем случае, в ход можно пустить пальто или дубленку и накрыть ими очаг возгорания, а затем и сбить пламя.

СОВЕТ ШЕСТОЙ. Попытайтесь выбраться на улицу и для начала нажмите кнопку аварийного открывания дверей. Если механизм на ваши «указания» не реагирует, а салон тем временем заполняется едким дымом, переключите свое внимание на окна. Их можно открыть с помощью специально вшитого шнура[12]. Не обнаружив ничего похожего, не отчаивайтесь и переходите к решительным действиям. Хватайтесь за поручень[13] и со всей силы бейте обеими ногами в угол окна. Удалив осколки сумкой или рюкзаком, вылезайте наружу.

СОВЕТ СЕДЬМОЙ. Выбравшись из западни, помогите выбраться другим.

1. атрибут	标志物
2. маршрутки вылетать на встречную полосу со всеми вытекающими отсюда последствиями	小公共汽车冲入逆行车道，由此带来各种不良后果
3. стоить жизни	付出生命代价
4. классический пример	经常引用的典型例子
5. выдержка	镇静
6. самообладание	镇定
7. возгорание	燃烧起来
8. поддаваться панике	陷入惊慌
9. вдох	吸一口气
10. изоляция	绝缘体
11. напряжение	电压
12. Их можно открыть с помощью специально вшитого шнура	可以借助事先嵌入的线绳打开它们（窗户）
13. поручень	把手，扶手

Задания

Изложите содержание советов своими словами.

Текст 3

Держите камень за пазухой

ЕСЛИ СОБАКА ВИЛЯЕТ[1] ХВОСТОМ, ЭТО ЕЩЕ НЕ ЗНАЧИТ, ЧТО ОНА ДОБРАЯ

По статистике, в Москве живут самые «кусачие» собаки в мире. В общем, проблема агрессивного поведения животного по большей части человеческая. Если псина[2] рвется с поводка[3] и лает на прохожих, значит, она плохо воспитана. Однако даже дрессированная собака[4] может укусить в провокационной[5] для нее ситуации — например, в лифте или подъезде, когда вы вынуждены находиться в двух шагах от ее владельца. Так что если, зайдя в дом, вы видите на лестничной площадке соседа с овчаркой[6] на поводке — остановитесь и пропустите их мимо. Потеряв несколько минут, вы избавите себя от массы неприятностей.

Но, как показывает практика, чаще всего люди становятся жертвой собственных ошибок. Многие не знают, что при встрече с незнакомой собакой нельзя пристально смотреть ей в глаза и улыбаться, показывая зубы: животное принимает наше дружелюбие за демонстрацию силы. Убегая, вы невольно приглашаете псину поохотиться, а настороженное поведение выглядит подготовкой к жестокой и беспощадной борьбе. Итак, несколько советов для тех, кто не хочет пополнить печальную статистику укушенных и испуганных.

СОВЕТ ПЕРВЫЙ. Столкнувшись на улице с агрессивной собакой, помните, что иногда достаточно нагнуться к земле якобы за камнем или взять в руки палку, — животное испугается и отскочит. Правда, вам еще некоторое время придется терпеть ее лай — псина наверняка будет сопровождать вас еще метров десять–двадцать.

СОВЕТ ВТОРОЙ. Если собака готова напасть, остановитесь и твердо отдайте команду «стоять!», «сидеть!» или «лежать!» В некоторых случаях срабатывает[7] серия команд, которая просто приводит ее в растерянность.

СОВЕТ ТРЕТИЙ. Чтобы выиграть время, бросьте в сторону животного любой предмет, не поднимая руку слишком высоко.

СОВЕТ ЧЕТВЁРТЫЙ. Используя подручные средства (зонтик, палку, камни), отступайте к укрытию спиной. В крайнем случае прижмитесь к забору или стене дома и позовите на помощь.

СОВЕТ ПЯТЫЙ. Помните, что особенно опасна приседающая[8] собака — она готовится прыгнуть. В первую очередь защищайте горло, прижав подбородок к груди и выставив вперёд руку.

СОВЕТ ШЕСТОЙ. При угрозе нападения собаки, если есть возможность, обмотайте пиджаком, плащом предплечье и руку, а затем, выставив её, спровоцируйте собаку на укус[9]. Когда животное приблизится к вам, сильно ударьте его по верхней челюсти. Помните, что самые болевые точки собаки — нос и пах[10].

СОВЕТ СЕДЬМОЙ. Если собака вас укусила, обязательно промойте рану обильным количеством воды или перекисью водорода[11] и наложите чистую повязку. Выясните у хозяев, сделана ли прививка от бешенства. Бездомную псину, по возможности, необходимо отловить: это не только спасёт от укусов других прохожих, но и позволит выяснить, надо ли вам делать прививки от бешенства. Обязательно обратитесь в ближайший травмопункт[12], где вам окажут квалифицированную помощь. Помните, что у врачей придётся наблюдаться не один месяц — инкубационный период[13] бешенства порой длится до года.

1.	вилять	摇摆
2.	псина	大狗
3.	поводок	系狗皮带
4.	дрессированная собака	受过训练的狗
5.	провокационный	挑衅的
6.	овчарка	牧羊犬
7.	срабатывать	显示作用,生效
8.	приседать	蹲下
9.	обмотать пиджаком, плащом предплечье и руку, а затем, выставив её, спровоцируйте собаку на укус	用上衣或风衣缠在前臂及手上,然后向前伸,以此引诱狗来咬
10.	пах	腹股沟
11.	перекись водорода	过氧化氢
12.	травмопункт	创伤医院
13.	инкубационный период	潜伏期

Задания

Закончите предложения, пользуясь материалом текста.

1) Однако даже дрессированная собака может укусить в провокационной для нее ситуации — например, ...

2) Так что если, зайдя в дом, вы видите на лестничной площадке соседа с овчаркой на поводке — ...

3) В некоторых случаях срабатывает серия команд, ...

4) В первую очередь защищайте горло, прижав подбородок...

5) Когда животное приблизится к вам, ...

6) Выясните у хозяев, ...

Урок 30

25 декабря 2000 года № 1–ФКЗ
РОССИЙСКАЯ ФЕДЕРАЦИЯ
ФЕДЕРАЛЬНЫЙ КОНСТИТУЦИОННЫЙ ЗАКОН
О ГОСУДАРСТВЕННОМ ФЛАГЕ
РОССИЙСКОЙ ФЕДЕРАЦИИ

Принят
Государственной Думой
8 декабря 2000 года
Одобрен
Советом Федерации
20 декабря 2000 года

Настоящим Федеральным конституционным законом устанавливаются Государственный флаг Российской Федерации, его описание и порядок официального использования.

Статья 1. Государственный флаг Российской Федерации является официальным государственным символом Российской Федерации.

Государственный флаг Российской Федерации представляет собой прямоугольное полотнище из трех равновеликих горизонтальных полос: верхней — белого, средней — синего и нижней — красного цвета. Отношение ширины флага к его длине 2:3.

Многоцветный рисунок Государственного флага Российской Федерации помещен в приложении к настоящему Федеральному конституционному закону.

Статья 2. Государственный флаг Российской Федерации поднят постоянно на зданиях:

Администрации Президента Российской Федерации;

Совета Федерации Федерального Собрания Российской Федерации;

Государственной Думы Федерального Собрания Российской Федерации;

Правительства Российской Федерации;

Конституционного Суда Российской Федерации;

Верховного Суда Российской Федерации;

Высшего Арбитражного Суда Российской Федерации[1];

Генеральной прокуратуры Российской Федерации;

Центрального банка Российской Федерации;

Счетной палаты[2] Российской Федерации;

резиденции Уполномоченного по правам человека в Российской Федерации;

Центральной избирательной комиссии Российской Федерации.

Государственный флаг Российской Федеации поднят постоянно (один или вместе с соответствующими флагами) на зданиях федеральных органов исполнительной власти, на резиденциях полномочных представителей Президента Российской Федерации в федеральных округах, а также на зданиях органов государственной власти субъектов Российской Федерации.

Статья 3. Государственный флаг Российской Федерации вывешивается на зданиях (либо поднимается на мачтах[3], флагштоках[4]) органов местного самоуправления, общественных объединений, предприятий, учреждений и организаций независимо от форм собственности[5], а также на жилых домах в дни государственных праздников Российской Федерации.

Государственный флаг Российской Федерации поднимается на:

зданиях дипломатических представительств, консульских учреждений, резиденций глав дипломатических представительств и консульских учреждений, когда это связано с исполнением указанными лицами служебных обязанностей, а также на зданиях иных официальных представительств Российской Федерации за пределами Российской Федерации, в том числе официальных представительств Российской Федерации при международных организациях, — в соответствии с нормами международного права, правилами дипломатического протокола и традициями страны пребывания;

судах, внесенных в один из реестров[6] судов Российской Федерации, — в качестве кормового флага[7];

буксирных[8] судах, ведущих другие суда или плоты, — на носовом флагштоке или гафеле⁹. Судно, плавающее под государственным или национальным флагом иностранного государства, должно при плавании во внутренних водах Российской Федерации либо во время стоянки в порту Российской Федерации в дополнение к своему флагу поднимать и нести в соответствии с международными морскими обычаями также Государственный флаг Российской Федерации;

судах, зарегистрированных в реестре судов иностранного государства и предоставленных в пользование и во владение российскому фрахтователю¹⁰ по договору фрахтования судна без экипажа (бербоут-чартеру), которым в соответствии с Кодексом торгового мореплавания Российской Федерации временно предоставлено право плавания под Государственным флагом Российской Федерации;

военных кораблях и судах — в соответствии с Корабельным уставом;

вспомогательных судах Военно-Морского Флота, используемых как российские суда загранплавания для выполнения работ за пределами Российской Федерации, — в качестве кормового флага.

Статья 4. Государственный флаг Российской Федерации установлен постоянно:

в залах заседаний Совета Федерации Федерального Собрания Российской Федерации, Государственной Думы Федерального Собрания Российской Федерации, Привительства Российской Федерации в залах судебных заседаний;

в рабочем кабинете Президента Российской Федерации и в иных помещениях, предназначенных для проведения торжественных мероприятий (церемоний) с участием Президента Российской Федерации, в рабочих кабинетах Председателя Совета Федерации Федерального Собрания Российской Федерации, Председателя Государственной Думы Федерального Собрания Российской Федерации, Председателя Правительства Российской Федерации, Руководителя Администрации Президента Российской Федерации, полномочных представителей Президента Российской Федерации в федеральных округах, Председателя Конституционного Суда Российской Федерации, Председателя Верховного Суда Российской Федерации, Председателя Высшего Арбитражного Суда Российской Федерации,

Генерального прокурора Российской Федерации, Председателя Центрального банка Российской Федерации, Председателя Счетной палаты Российской Федерации, Уполномоченного по правам человека в Российской Федерации, Председателя Центральной избирательной комиссии Российской Федерации, руководителей федеральных органов исполнительной власти, федеральных судей, прокуроров, а также руководителей органов государственной власти субъектов Российской Федерации, глав муниципальных образований, глав дипломатических представительств, консульских учреждений и иных официальных представительств Российской Федерации за пределами Российской Федерации, в том числе официальных представительств Российской Федерации при международных организациях.

Статья 5. Государственный флаг Российской Федерации размещается на транспортных средствах Президента Российской Федерации, Председателя Совета Федерации Федерального Российской Федерации, Председателя Государственной Думы Федерального Собрания Российской Федерации, Председателя Правительства Российской Федерации, руководителей государственных и правительственных делегаций, глав дипломатических представительств, консульских учреждений и иных официальных представительств Российской Федерации за пределами Российской Федерации, в том числе официальных представительств Российской Федерации при международных организациях.

Статья 6. Государственный флаг Российской Федерации поднимается (устанавливается) во время официальных церемоний и других торжественных мероприятий, проводимых федеральными органами государственной власти, органами государственной власти субъектов Российской Федерации и органами местного самоуправления.

Государственный флаг Российской Федерации может быть поднят (установлен) во время торжественных мероприятий, проводимых общественными объединениями, предприятиями, учреждениями и организациями независимо от форм собственности, а также во время семейных торжеств.

Государственный флаг Российской Федерации ежедневно поднимается в местах постоянной дислокации[11] воинских частей и отдельных подразделений Вооруженных Сил Российской Федерации, других войск и воинских формирований. Ритуал[12] подъема Государственного флага Российской Федерации в воинских частях и отдельных подразделениях устанавливается Президентом Российской Федерации.

Во всех случаях, предусмотренных общевоинскими уставами Вооруженных Сил Российской Федерации для выноса Боевого Знамени воинской части, одновременно выносится прикрепленный к древку[13] Государственный флаг Российской Федерации. Порядок совместного выноса и размещения Государственного флага Российской Федерации и Боевого Знамени воинской части определяется Президентом Российской Федерации.

Статья 7. В дни траура в верхней части древка Государственного флага Российской Федерации крепится черная лента, длина которой равна длине полотнища флага. Государственный флаг Российской Федерации, поднятый на мачте (флагштоке), приспускается до половины высоты мачты (флагштока).

Во время траурных церемоний, предусматривающих отдание воинских почестей[14] умершему (погибшему) гражданину Российской Федерации, гроб с телом покойного накрывается полотнищем Государственного флага Российской Федерации. Перед погребением полотнище Государственного флага Российской Федерации сворачивается и передается родным (близким) покойного.

Статья 8. Флаги субъектов Российской Федерации, муниципальных образований, общественных объединений, предприятий, учреждений и организаций независимо от форм собственности не могут быть идентичны Государственному флагу Российской Федерации.

Государственный флаг Российской Федерации не может использоваться в качестве геральдической[15] основы флагов субъектов Российской Федерации, муниципальных образований, общественных объединений, предприятий, учреждений и организаций независимо от форм собственности.

При одновременном подъеме (размещении) Государственного флага Российской Федерации и флага субъекта Российской Федерации, муниципального образования, общественного объединения либо предприятия, учреждения или организации Государственный флаг Российской Федерации располагается с левой стороны от другого флага, если стоять к ним лицом; при одновременном подъеме (размещении) нечетного числа флагов Государственный флаг Российской Федерации располагается в центре, а при подъеме (размещении) четного числа флагов (но более двух) — левее центра.

При одновременном подъеме (размещении) Государственного флага Российской Федерации и других флагов размер флага субъекта Российской Федерации, муниципального образования, общественного объединения либо предприятия, учреждения или организации не может превышать размер Государственного флага Российской Федерации, а высота подъема Государственного флага Российской Федерации не может быть меньше высоты подъема других флагов.

Статья 9. Изображение Государственного флага Российской Федерации наносится на воздушные суда Российской Федерации, зарегистрированные в Государственном реестре гражданских воздушных судов Российской Федерации, на военно-транспортные воздушные суда, используемые для полетов за пределы Российской Федерации, а также на космические аппараты, запускаемые Российской Федерацией, в порядке, устанавливаемом Правительством Российской Федерации.

Изображение Государственного флага Российской Федерации используется в качестве бортового отличительного знака караблей, катеров и судов Пограничной службы Российской Федерации, а также в качестве знака государственной принадлежности скоростных судов, внесенных в Государственный судовой реестр Российской Федерации или судовой реестр Государственной речной судоходной инспекции, на которые выданы судовой патент[16], соответствующее судовое свидетельство или судовой билет.

Изображение Государственного флага Российской Федерации может быть использовано в качестве элемента или геральдической основы государственных наград Российской Федерации, а также геральдических знаков — эмблем и флагов федеральных органов исполнительной власти.

Статья 10. Использование Государственного флага Российской Федерации с нарушением настоящего Федерального конституционного закона, а также надругательство[17] над Государственным флагом Российской Федерации влечет за собой ответственность в соответствии с законодательством Российской Федерации.

Статья 11. Настоящий Федеральный конституционный закон вступает в силу со дня его официального опубликования.

Президент
Российской Федерации
В. ПУТИН

Москва Кремль
25 декабря 2000 года
№ 1–ФКЗ.

1.	Высший арбитражный суд Российской Федерации	俄罗斯联邦最高仲裁法庭
2.	счетная палата	会计署
3.	мачта	桅杆, 塔架
4.	флагшток	旗杆
5.	форма собственности	所有制形式
6.	реестр	清单, 注册簿
7.	кормовой флаг	船尾旗
8.	буксирный	拖拽的
9.	гафель	桅斜旗杆
10.	фрахтователь	租船户
11.	дислокация	(兵力、机构的)部署分布
12.	ритуал	仪式
13.	древко	杆
14.	воинские почести	(军队表示尊敬的)仪式
15.	геральдический	徽章的
16.	судовой патент	船舶国旗证(证明船舶有权挂某国国旗的证书)
17.	надругательство	侮辱
18.	влечь за собой	招致, 引起; 结果是

Задания

Запомните.

конституция	宪法
законодательство, закон	法制
закон, право	法律
уголовно-процессуальный кодекс	刑事诉讼法
уголовное право	刑法
трудовое право	劳动法
закон о браке	婚姻法
закон о подоходном налоге	所得税法
закон о гражданстве	国籍法
международное право	国际法
морское право	海洋法
международное публичное право	国际公法
международная конвенция, международный пакт	国际公约
дипломатическая практика, дипломатические условности	外交惯例
протокол	议定书
декларация	宣言
обмен нотами	换文
устав	宪章
договор о союзе, союзный договор	盟约